ときめく妖怪図鑑

文＋門賀美央子　画＋アマヤギ堂
監修＋東雅夫

山と溪谷社

目次

CONTENTS

Story 3
妖怪に会いに行く 83

Story 4
妖怪を学ぶ 97

Story 5
妖怪と遊ぶ 111

扉絵：化物婚礼絵巻
（国際日本文化研究センター所蔵）より

はじめに

かつてない「妖怪図鑑」を、おとどけします。

これまでに企画・刊行された妖怪図鑑は、研究者やマニアを対象とする専門的なものか、ジュニア向けの入門的なものか、そのどちらかであるケースがほとんどでした。

本書はそのどちらでもない、「妖怪」についてニュートラルな立ち位置の皆さんをメイン読者に想定しています。

小説や漫画、映画やアニメ、ゲームや玩具《おもちゃ》……いまや、ありとあらゆるエンターテインメントの世界に跳梁跋扈《ちょうりょうばっこ》している、世にも奇妙な容姿と名前と特性を有するキャラクターたち――「妖怪」「お化け」「化け物」「モノノケ」などと称される不思議な存在／現象について、これだけは押さえておきたい基本知識を、豊富な図版とイラストをまじえて、分かりやすく詰め込んでみました。

本書をご覧いただくことで、読者の皆さんが「妖怪にときめく」――妖怪に対する知的好奇心や親近感が、よりいっそう高まるならば、これに優る歓びはありません。

妖怪にときめくことは、倦怠《けんたい》と鬱屈《うっくつ》に満ちた日常の向こうに、目には視えないけれど大切で心はずませる事どもがあると気づくための、最初の一歩なのですから。

さぁ、心ときめくお化けの世界へ、御一緒に！

東雅夫

妖怪ってなんだろう？

Story 1

「妖怪」と聞いて
あなたは何を思い浮かべますか？
河童？　一つ目小僧？
それとも漫画やアニメのキャラクター？
日本は世界でも珍しいほど
多種多様な妖怪が生まれた国です。
どうしてそうなったのか、
本章ではその理由を探ります。

HISTRY I

不思議な隣人

妖怪はどこから来たのか 妖怪とは何者か

現代の私たちは、「妖怪」と聞くと、キャラクター化した化け物――一つ目小僧や河童などを思い浮かべます。

ですが、かつては「妖怪」とは、文字通り「あやしい」全般を言い表す言葉でした。

たとえば、夜、突然部屋の天井から「ピシッ！ バシッ！」と原

［図1］
『怪物画本』より「やなり」
●国際日本文化研究センター所蔵
音の怪である「家鳴」に姿が与えられた。

画本西遊記百鬼夜行ノ圖／玉園戯画
国際日本文化研究センター所蔵
あらゆるタイプの妖怪が出揃った幕末の妖怪画。風刺画でもある。

因不明の音が聞こえ、家が振動する現象が起こったとしましょう。

時代劇ならお侍さんが「はて、面妖《めんよう》な」とぐっと天井を睨《にら》みつける場面ですが、その台詞を「はて、妖怪な」と置き換えることができます。そんな風に使われる言葉でした。そこには妖怪な現象＝コトはありますが、出来事を起こす主体としての妖怪＝モノはいません。

ところが、怪音や振動がしばしば起こると、現象には「家鳴《やなり》」という名が付けられ、皆がそう呼ぶようになります。

そして、どこかの想像力豊かな人がふと考えたのです。

「家鳴を起こしているモノって、一体、何？」と。

図1が、想像された「家鳴」の姿です。小鬼がわらわらと家に取り付いています。こうしてキャラクターとしての妖怪「家鳴」が生まれました。

本書では、こうした「自分の知識では原因がわからない謎の出来事を説明するためのモノをキャラクター化した」妖怪を中心に、元の意味に近い「あやしい」諸々も取り上げることにしました。

多様な妖怪が生まれ、受け継がれてきたのは、日本が不思議の国だったことの証《あかし》。

妖怪と遊べば、忘れていた日本が見えてくるのです。

HISTRY
II

妖怪の条件

どこがどうなら「妖怪」なの？

鬼には角、天狗は高い鼻、ろくろ首は首がびよんと伸びるけれど、さて妖怪全般に共通する形状があるかというと、思わず考え込んでしまいます。妖怪の姿は実に様々だからです。

その点について、18世紀フランスのビュフォン伯爵という博物学者は端的にこう定義しました。

1 過剰

図1の百々目鬼《どどめき》は体中に目が付いていています。普通、目は顔にふたつだけですので、あきらかに「過剰」です。また、図2の貂《てん》は一匹一匹はただの動物ですが、異常な数が群れ重なっているのでやはり「過剰」です。

2 欠如

図3の泥田坊《どろたぼう》には目がひとつしかありません。つまり「欠如」です。

3 誤った配置

図4の手《て》の目《め》は、名前の通り手のひらに目が移動しています。本来は顔にあるべきものなので、「誤った配置」です。図5の鉄《てっ》鼠《そ》は人間と鼠《ねずみ》の体が混ざり合っており、それはやはりありえない配置ですから「誤った配置」に入ります。

ほぼ全ての妖怪の姿は、この三つの定義に当てはまります。妖怪のフォルムは「超自然的に異常」であるのが基本なのです。

［図1］
『今昔画図続百鬼』〈巻之下 明〉より
「百々目鬼」
●東北大学附属図書館所蔵

［図2］
『画図百鬼夜行』より
「貂」
●川崎市市民ミュージアム所蔵

［図3］
『今昔百鬼拾遺』〈雲〉より
「泥田坊」
●川崎市市民ミュージアム所蔵

［図4］
『画図百鬼夜行』より
「手の目」
●川崎市市民ミュージアム所蔵

［図5］
『画図百鬼夜行』より
「鉄鼠」
●川崎市市民ミュージアム所蔵

妖怪の上代

国づくりとともに生まれてきた妖怪

古代に編まれた書物を読むと、現代の私たちには「妖怪」に思える存在が出てきます。

たとえば、地誌「風土記《ふどき》」に記載された複数の巨人伝説。巨人は山や湖沼など、国土の自然を作った存在と見なされ、後にダイダラボッチ、またはそれに類する名が付きました。

古い神々もまた妖怪的です。

国津神《くにつかみ》の夜刀神《やとのかみ》は頭に角が生えた蛇体の谷の神で、その姿を見た

島根県松江市東出雲町揖屋《いや》にある黄泉比良坂《よもつひらさか》

写真提供：奥野貴明

黄泉の国に繋がる坂があったとされる場所。出雲には古代神話の旧跡が多く残っている。

日本一の山・富士山も
ダイダラボッチが土を盛って築いたという。
掘った穴は琵琶湖になった。

だけで一族が滅んでしまうほどの力がありました。ところが、継体《けいたい》天皇の時代（6世紀頃）には人が殺し、追い払うことができるものになっています。また、大和国の国津神である井氷鹿《いひか》は、体が光り、尾が生えていたそうです。

　国津神とは皇祖神系列外の土着神、つまり異部族の神であったため、異形とされたのでしょう。

　一方、朝廷に従わない人々は土蜘蛛《つちぐも》と呼ばれ、体が短く手足が長い、とても力が強いなど、これまた異形として書かれました。

　こうした記述からは古代に、我が国が形作られた道筋が見えてきます。夜刀神や八岐大蛇《やまたのおろち》（→P49）伝説は土地の開拓過程を、国津神や土蜘蛛、また鬼（→P22）などは異部族との融合と戦いを伝えているというわけです。

　こうした神話や伝承は口伝えに広がりながら形を変え、「妖怪」の源流の一つになりました。

　中国大陸から渡来した書物や儀式も見逃せません。特に道教に付随して流入した大陸の妖怪イメージは、日本の妖怪造形に大きな影響を与えました。

方相氏
写真提供：いつきのみや歴史体験館
古代中国の儀式を記した『周礼《しゅらい》』に登場する異形の呪師。鬼を祓う役目を担って、平安時代の宮中行事「追儺《ついな》」に導入されたが、後に祓われる鬼と混同されるようになった。

HISTRY Ⅳ

中世の妖怪

あなたも私も あれもこれも妖怪に！

「怨霊《おんりょう》」と「付喪神《つくもがみ》」はとても中世的な怪です。

怨霊（御霊《ごりょう》とも）とは、非業の最期を遂げた人の恨みが凝り固まって現世に祟りをなすようになった霊のことをいいます。

平安時代初期、早良《さわら》親王が初めて公的に認められた怨霊となるまでは、祟ることができるのは神だけでした。つまり、人の霊が祟るという認識はこの時期になって確立したのです。そして、一旦成立

東京の大手町に鎮座する大怨霊・平将門の首塚。今なお香華の絶えることはない。

『百鬼夜行図』より抜粋
東京大学総合図書館所蔵

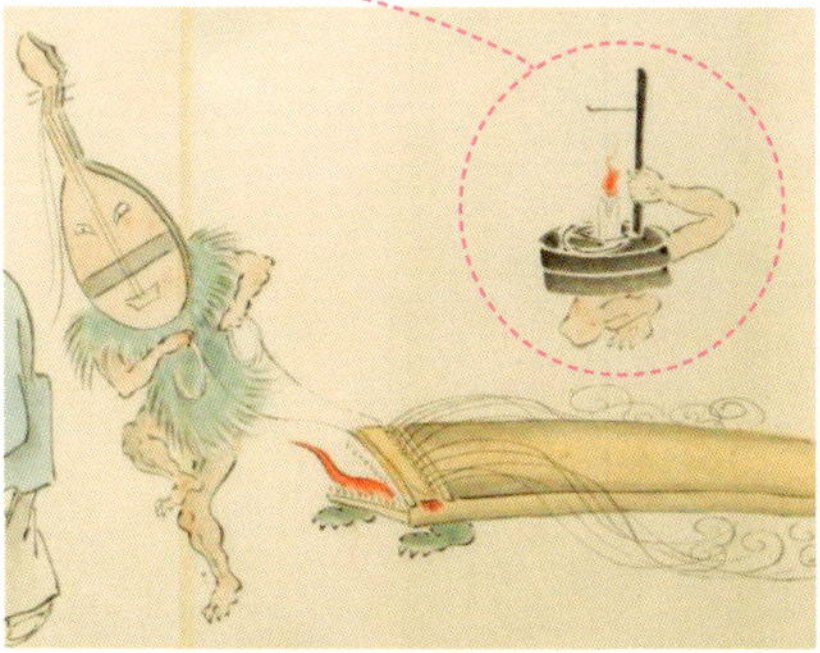

したが最後、怨霊は怪異の一大ジャンルに成長し、天神・菅原道真《すがわらのみちざね》や大魔縁・崇徳院《すとくいん》（↓P37）など次々と大物怨霊が生まれました。
　しかし、怨霊が最も活性化するのは平安時代末期以降のこと。権力が貴族から武士に移っていく中、平将門《たいらのまさかど》など武士階級の怨霊が生まれ、数も増えていきました。以後、怨霊はどんどん庶民化していきます。
　付喪神は、百年を経た器物に精が宿り、悪さをするようになった化け物のことで、人々は節分になると、化けそうな古道具を道端に捨てたといいます。ここから、捨てるほどある道具＝生産力の向上が読み取れるとともに、中世の人々が無生物にも心が宿ると考えていたことがわかります。

『化物婚礼絵巻』
国際日本文化研究センター所蔵
小田原提灯も年経ればほら、この通り。

HISTRY
V

妖怪の近世

妖怪花盛りの国ニッポンの誕生

戦乱を乗り越え、ようやく泰平の世が訪れた江戸時代、日本の妖怪文化は成熟期を迎えます。

まず、顕著《けんちょ》なのが妖怪の脱宗教化と娯楽化です。中世までの妖怪譚は、娯楽色の強い話でも結末は神仏の功徳を説いて終わり、というパターンが大勢でした。しかし、近世以後は時代が下れば下るほど神仏の影が薄れ、それと軌を一にして娯楽化していきます。

また、各地の武士階級や富裕層

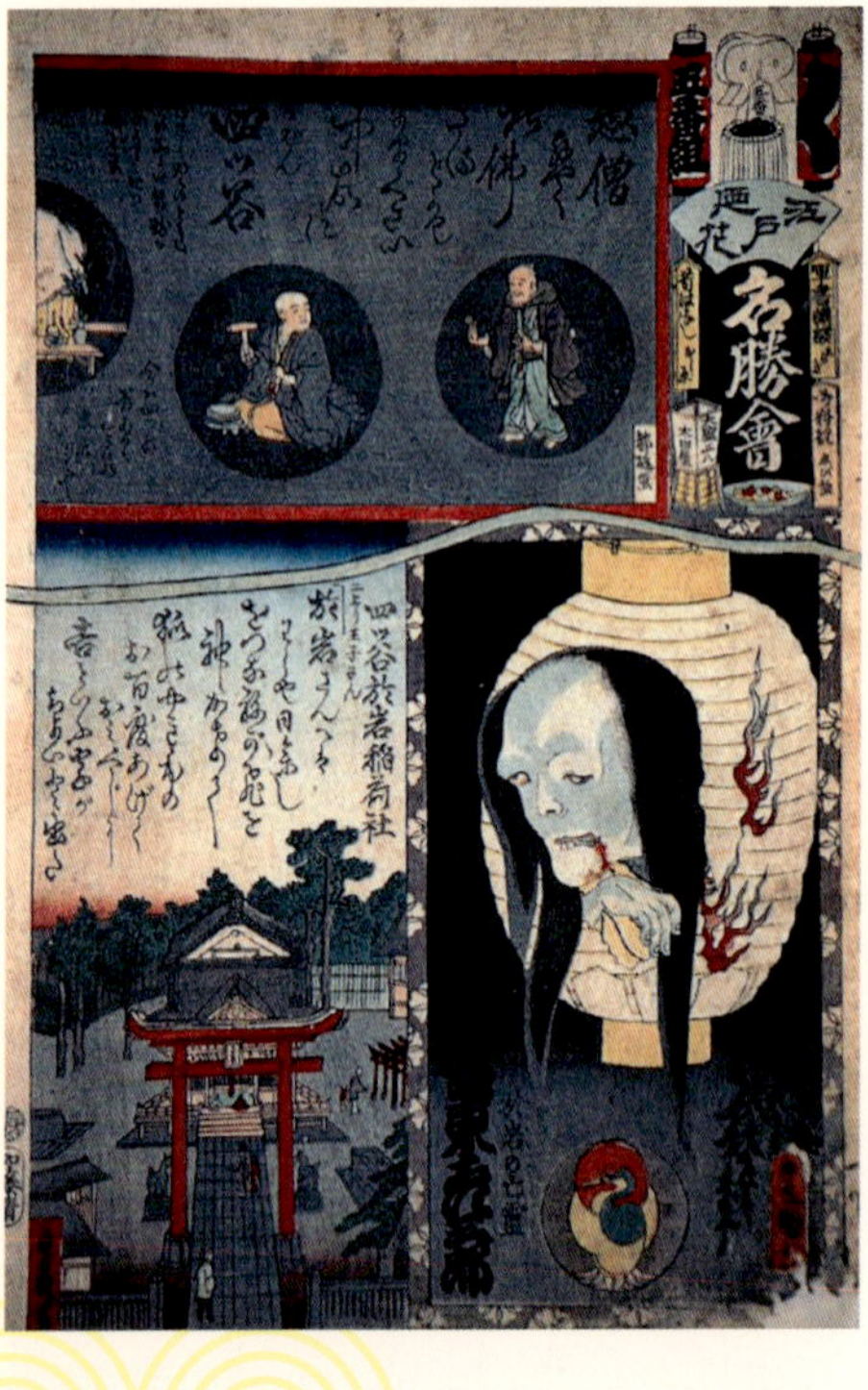

江戸乃花名勝会／四ツ谷
国際日本文化研究センター所蔵
江戸時代、すでにお化けスポットは観光名所に。

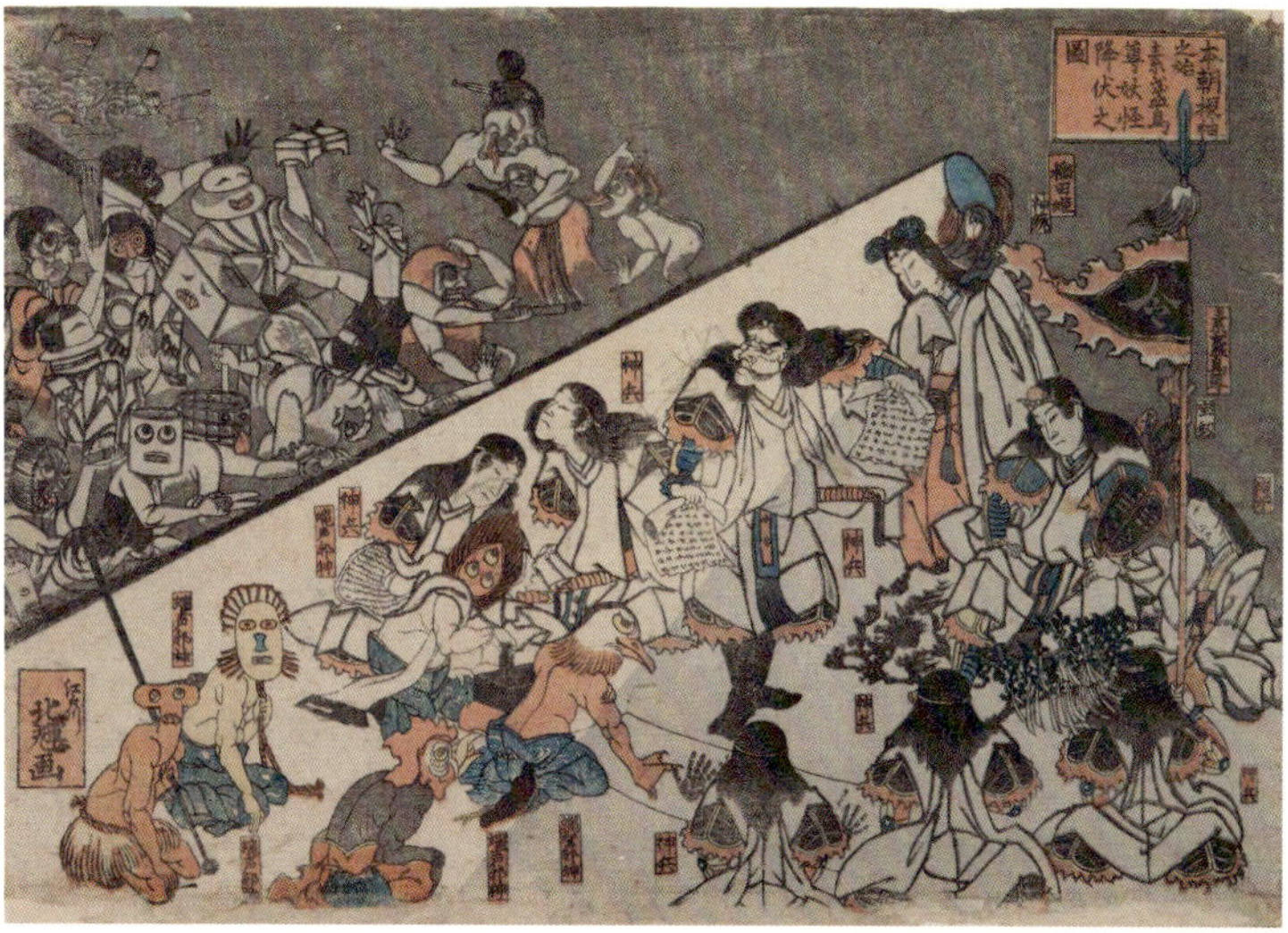

本朝振袖之始素戔嗚尊妖怪降伏之図
福岡市博物館所蔵
当時の経済情勢を妖怪に託して風刺。幕府から出版統制を受けたことも。

が知識人化し、地域の風俗や伝承を蒐集《しゅうしゅう》・記録するようになりますが、集められた素材の中には怪異妖怪話も少なからず含まれていました。それが書籍として流通する過程で、妖怪のイメージの拡散と収束が同時に進みます。

たとえば、近所の川に猿か亀かわからないような「アレ」がいたとしましょう。それまでは名無しだったのが、ものの本を読んだ誰かが「あれは河童《かっぱ》だ」と断定したため、アレは「河童」になったのです。結果、「河童」伝承が残る地域は広がりますが、「アレ」自体は「河童」に吸収されていきます。もちろん、書物だけでなく、旅人が持ち込む口承も同じ効果を発揮しました。

こうして妖怪のキャラクター化／物語化が進み、結果として幕末までには私たちが伝統的と感じるタイプの妖怪が出揃うことになりました。

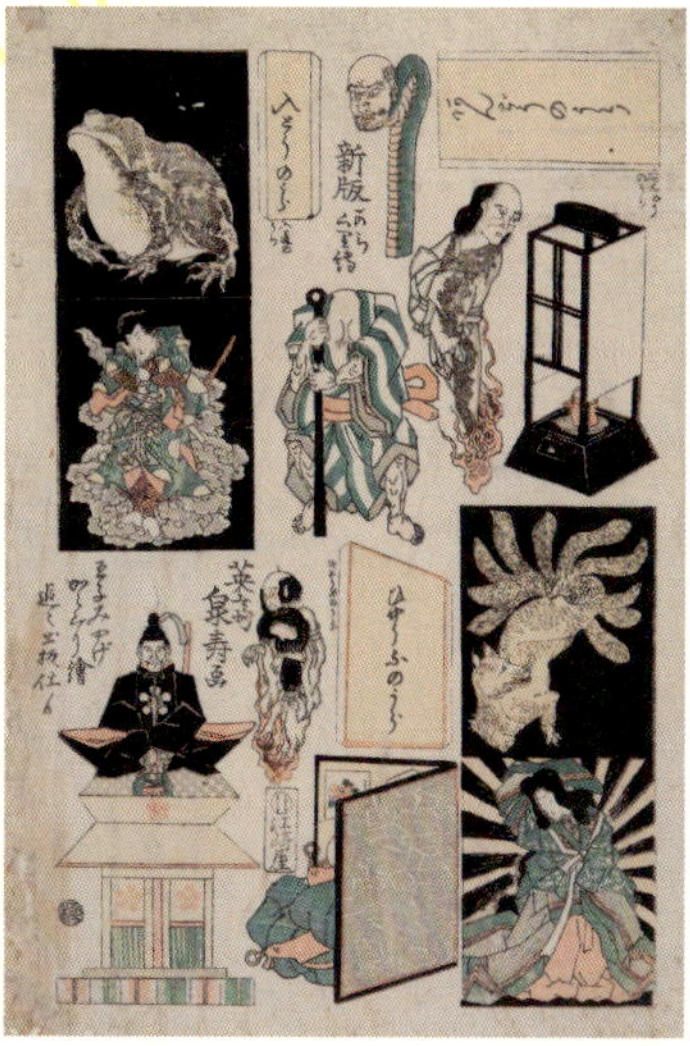

新版からくり絵
福岡市博物館所蔵
元祖妖怪ウォッチ!? 切り抜き紙玩具。

HISTRY

VI

妖怪の近代

妖怪なんて迷信!? でも、やっぱり……

　幕末、世情が混乱し始めると、件《くだん》、アマビエ（↓P74）、神社姫《じんじゃひめ》など、「予言する妖怪」の存在が語られるようになります。彼らは人々の不安を体現したものであり、不思議な存在としてまだまだ現役でした。

　しかし、明治維新で「文明開化」が推し進められると、お化けたちは真っ先に否定

東京日々新聞第百一号 産婦の霊
●福岡市博物館所蔵
二人の子供を残して他界した母が幽霊になって出現したと報道する錦絵新聞の記事。

明鏡大和魂／河鍋暁斎
●町田市立博物館所蔵
妖怪画だが、行き過ぎた西洋礼賛を批判する風刺画でもある。

されるべき「迷信、前時代の遺物《いぶつ》」認定されてしまいます。怪異妖怪の存在を信じているなどと言おうものならたちまち未開人扱いされ、馬鹿にされる風潮が生まれました。江戸期の妖怪文化は価値の無いものとして切り捨てられたのです。妖怪受難の時代の始まりです。

しかし、営々と続いていた文化が一朝一夕で失くなるはずもなく、「妖怪なんて迷信、でもね」という言い訳付きで、文化や学問の領域に残っていきます。

新聞は、表向き迷信撲滅《ぼくめつ》の啓蒙《けいもう》的態度を取りながら、妖怪話や怪談をどんどん掲載しました。西洋由来の学問である民俗学や博物学において、妖怪を取り扱い品目に加える学者も出てきました。時には行き過ぎた西洋文明礼《らい》賛《さん》へのアンチテーゼにもなりました。結局、妖怪を撲滅することなど無理だったのです。

第二次世界大戦中という厳しい情報統制が行われた時代にさえ、件などの怪異の存在は語られ続けることになります。

「妖怪学」を提唱した仏教哲学者・井上円了。迷信撲滅を叫んだが、「人知にて知ることは不可能」なことがあるのも確かだと考えていた。

HISTRY
VII

妖怪の現代

人も妖怪も、新たな時代へ

妖怪が本当の危機を迎えたのは戦後の高度成長期でした。

電気の普及は人の住む場所から闇を駆逐しました。子供たちは昔話を聞くよりテレビの前に座る方を選ぶようになり、お金儲けに忙しい大人は妖怪話など顧みなくなりました。棲《す》み家《か》の山は削られ、水辺はコンクリートで固められました。

自然からも人の心からも、妖怪

東京都墨田区、スカイツリーが目の前の北十間川に住むカッパのコタロウ。ご当地キャラとして活躍中。（©ラピート）

カリコボーズのホイホイ君は宮崎県西米良村公認のご当地キャラ。山の尾根から尾根を「ホイホイ」と鳴いてまわり、春夏は水の神、秋冬は山の神になるという。

岩手県の山田湾を見守る心優しい河童として創作された新しい妖怪。『ホタテ河童の贈り物』（文／有吉忠行・絵／井上のぼる）として絵本化もされている。

の居場所がどんどん失われていったのです。

　しかし、それで全て忘れ去られるほど妖怪たちはやわではありませんでした。

　メディアの発達が生んだ口《くち》裂《さ》け女や人面犬《じんめんけん》といった新しいタイプの妖怪は、子供たちに「怖い」の楽しさを教えました。

　作家・松谷みよ子は1974年刊の『民話の世界』で、カドミウムに汚染された九頭竜川《くずりゅうがわ》の河童たちが「水がおとろしい」と言って山に逃げていったという話を、土地の人々が語った現代民話として紹介しています。妖怪が棲めない場所には人は住めない。妖怪は、人に環境問題を意識させるきっかけにもなりました。

　また、学問の世界において、妖怪は撲滅すべき迷信でも、保存すべき前近代の残像でもなく、今なお人の心に生きる文化として見直す機運が高まりました。

　実際、妖怪伝承が多く残っているのは、豊かな民俗文化がある地域ばかりです。妖怪は人と自然が折り合いをつける過程で生まれ、調和の中に生き残っていきます。

　日本人が育んできたかけがえのない存在は、地域の象徴、そして災害復興の希望など、これまでになかった新たな役割を託される時代になってきたのです。

玄妙！ 妖怪型録の見方

日本に何種類ぐらいの妖怪がいるのか。その答えを知る人はいないでしょう。今回、取り上げることができたのは、数多《あまた》いる中のほんの一部に過ぎません。古くは神代から、新しくは昭和まで。日本の歴史とともに歩んできた妖怪たちに登場してもらいました。

妖怪の姿

全画、妖怪絵師・アマヤギ堂
渾身の描き下ろしです。

鬼

妖怪界きっての嫌われ者

天邪鬼《あまのじゃく》

昔話では悪役として退治されることが多いため、どことなく小物感が漂う妖怪ですが、そのルーツは記紀神話にまで遡れます。

一つは黄泉に下った伊耶那美命に従った黄泉醜女、もう一つは天孫降臨よりさらに前、葦原中国を平定するため高天原から天降った天若日子に仕えた天探女です。黄泉醜女は怪力で単純な鬼女、天探女は天若日子が高天原に帰らないよう策略を巡らした知恵者。全く異なる性質が重なり、さらに仏教伝来以降は仏神に踏まれる小鬼像などが加わった結果、意地悪でひねくれ者の「天邪鬼」ができ上がったといわれています。

大きさ　人間より少し小さい？
出現場所　人里、山中など
怖さ　★★★☆☆

24

カテゴリー

どんな種類の妖怪なのか、
ひと目でわかるように
しました。

キャッチフレーズ

ひとことで言うと、
こんな妖怪です。

データ

大きさ／伝承などから類推した大きさです。

出現場所・出没地・本拠地／
主に「出る」とされる場所です。

怖さ／会ったらどれぐらい怖いか、
星の数五段階で示しました。

解説

どんな妖怪なのか、
特徴や背景を
解説しています。

名前

名前が複数ある妖怪は、
比較的一般的な名前を
採用しました。

Story 2

玄妙！妖怪型録

いよいよ妖怪型録の
はじまり、はじまり！
誰もが知っている有名な妖怪から、
ちょっとマニアックな妖怪まで、
各種取り揃えました。
怖かったり、変だったり、
時には可愛かったり。
個性的な姿を楽しんでください。

鬼

鬼を見れば日本の歴史が見えてくる

鬼というのはとても複雑な存在です。古代、仏教が入ってくる前の日本においては、鬼とは異界の住人を指す言葉であったようです。

たとえば、死者の国である黄泉《よみ》、人里離れた深山や森はもちろんのこと、自分たちとは異なる文化を持つ人々が住む地域も含め、そこに住まうモノが「鬼」でした。

当然、定まった姿形はなく、角さえ生えていません。ただ、異形であることは間違いありませんでした。こうした「異界からやってくる」鬼は、災厄だけでなく、技術や幸いをもたらすものでもありました。

やがて仏教が伝わり、徐々に浸透《しんとう》する過程で、鬼のイメージに「地獄の獄卒」像が加わります。また、鬼門《きもん》という概念が広まるにつれ、丑寅《うしとら》の方角からやってくる鬼には牛のような角が生え、虎の腰巻きをしていると考えられるようになりました。

こうして複数のイメージが重なった結果、近世になってようやく現代の私たちが想像するような「鬼」が成立したのです。

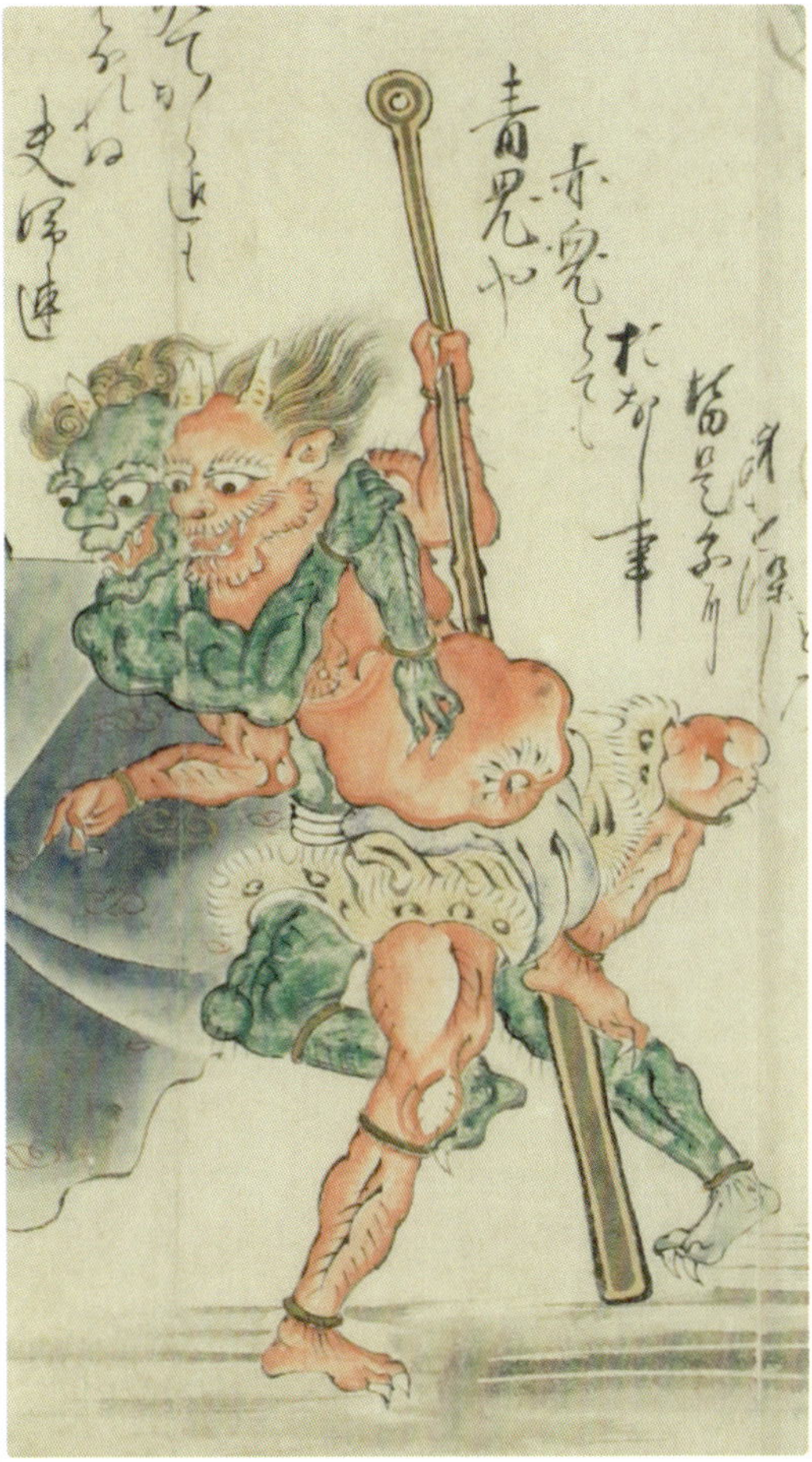

赤鬼と青鬼、現代人にとって鬼といえばこれ。（国際日本文化研究センター所蔵）

青森ねぶた祭りの山車。征夷大将軍・坂上田村麻呂が妙見菩薩から鬼面を授かったという伝説をモチーフにしている。

安達原にある鬼の岩屋（関連情報→P32）。江戸時代にはすでに史跡になっており、俳聖・松尾芭蕉も訪れた。

鬼

妖怪界きっての嫌われ者

天邪鬼

あまのじゃく

昔話では悪役として退治されることが多いため、どことなく小物感が漂う妖怪ですが、そのルーツは記紀神話にまで遡れます。

一つは黄泉《よみ》に下った伊耶那美命《いざなみのみこと》に従った黄泉《よもつ》醜女《しこめ》、もう一つは天孫降臨《てんそんこうりん》よりさらに前、葦原《あしはらの》中国《なかつくに》を平定するため高天原《たかまがはら》から天降った天若日《あめのわかひ》子《こ》に仕えた天探女《あめのさぐめ》です。黄泉醜女は怪力で単純な鬼女、天探女は天若日子が高天原に帰らないよう策略を巡らした知恵者。全く異なる性質が重なり、さらに仏教伝来以降は仏神に踏まれる小鬼像などが加わった結果、意地悪でひねくれ者の「天邪鬼」ができ上がったといわれています。

大きさ　人間より少し小さい？
出現場所　人里、山中など
怖さ　★★★☆☆

日本で最初の人喰鬼とは俺のこと

鬼

最古の鬼は人喰い鬼

目一鬼

めひとつのおに

鬼の最も古い記録は『出雲国《いづものくに》風土記《ふどき》』にあります。

その昔、大原郡《おおはらぐん》阿用《あよ》の郷《さと》で田を作っていた若者が、突然現れた目が一つしかない鬼に捕まり、食べられてしまった出来事が、地名の由来として紹介されています。鬼の姿などについては、これ以上の描写はありませんが、古代出雲は製鉄が盛んな地域であり、鍛冶《かじ》神である天目一箇《あめのまひとつの》神《かみ》は名前の通り片目しかない神とされることから、この伝説は古代に繰り広げられた農耕民と製鉄民の争いが源になったとも考えられ、古代人が異質な存在を鬼と見なしていたことが窺《うかが》えます。

（関連情報→P50）

大きさ　人間を捕まえて食える程度
出現場所　出雲国大原郡阿用郷（現島根県雲南市大東町）
怖さ　★★★★

［温羅］
大きさ　かなり大きい
本拠地　吉備国鬼城山付近（現岡山県総社市付近）
怖さ　★★★★★

鬼

まつろわぬ王たちの残像

悪路王／温羅

あくろおう／うら

大和朝廷が列島を平らげていく中、各地に抵抗勢力が生まれました。

悪路王は、東北で朝廷と戦った伝説的な王の名で、中央により鬼の烙印《らくいん》を押されたものの、東北では英雄視されることも少なくありません。

一方、温羅は吉備《きび》地方に移り住んできた大鬼で、周辺地域を襲っては乱暴狼藉《ろうぜき》を働いていましたが、朝廷から派遣された吉備津彦命《きびつひこのみこと》に敗れ、首を打たれました。しかし、死後も首は生気を失うことなく、13年間も唸り声を上げ続けたといいます。

いずれの鬼も大和朝廷の日本統一事業の過程を伝える鬼といえるでしょう。（関連情報→P92、P94）

［悪路王］
大きさ　人より少し大きい？
本拠地　陸奥（東北地方）
怖さ　★★★★★

［津軽の大人］
大きさ　3～5メートルぐらい？
本拠地　青森県津軽地方
岩木山周辺
怖さ　★★★★★

［三吉鬼］
大きさ　人と変わらぬほど
本拠地　秋田県周辺
怖さ　★★★★★

鬼

東北には優しい鬼もいる

津軽の大人／三吉鬼

つがるのおおひと／さんきちおに

大和朝廷にとって、東北地方は長らく、まつろわぬ民の住む異界でした。そのため、多くの鬼伝説が語られることになり、人と鬼の距離感もぐっと近かったようです。

津軽《つがる》の岩木山《いわきさん》に住む鬼は大人《おおひと》と呼ばれ、人を助け、ともに遊ぶ存在でした。今も農業神として信仰されています。

三吉鬼は秋田県あたりの人里に現れた鬼で、酒さえ飲ませてあげればどんな仕事でも引き受け、一夜で仕上げたといいます。評判を聞いたお殿様まで依頼者になったとか。

正体は太平山《たいへいざん》三吉《みよし》神社に祀られる三吉霊神《みよしのおおかみ》との説もあり、両鬼ともに、善神としての鬼の性格を垣間《かいま》見せています。

鬼

小角様とどこでもいっしょ

前鬼・後鬼

ぜんき・ごき

山の神さえ使役するほどの呪力《じゅりょく》を持っていた修験道の開祖・役小角《えんのおづぬ》。そんな彼を間近で支えた夫婦者の鬼が前鬼と後鬼です。二人は大阪と奈良の県境にある生駒山《いこまさん》周辺に住み、悪事を働いていましたが、小角に諭《さと》されて改心し、従者となりました。前鬼は小角に先立って手にした鉄斧で山中に道を開き、後鬼は理水の瓶を持ち付き従ったそうです。二人の間に生まれた五人の子供たちは、修験《しゅげん》の本拠地である大峰山《おおみねさん》の麓《ふもと》に宿を設け、修験者《しゅげんじゃ》たちの世話を生業《なりわい》としました。今でも奈良県吉野の下北山村《しもきたやまむら》に前鬼・後鬼の子孫が守る宿坊《しゅくぼう》があります。（関連情報→P39）

大きさ　人より少し小さい
本拠地　奈良県吉野地方
怖さ　★★★★★

鬼

きれいな女は食べちゃうぞ

鬼一口

おにひとくち

平安時代になると、鬼の脅威《きょうい》は都にまで及ぶようになります。

歴史書『日本三代実録《にほんさんだいじつろく》』には仁和《にんな》三年（887）の8月17日に内裏《だいり》内の宴《えん》の松原を歩いていた美女が、ハンサムな男に化けた鬼に食われ、バラバラ死体として見つかったというショッキングな事件が、『伊勢物語《いせものがたり》』には男と駆け落ちした高貴な女性が雨宿りした蔵の中で一口に食い殺されたという話が残されています。

他の説話集にも鬼が人を食い殺した話はたくさん記録されており、人々が真剣に鬼を恐れていた様子がわかります。

大きさ 変幻自在
出現場所 都の周辺地・内裏など
怖さ ★★★★★

若い頃は誰もが振り向く美男子だった

鬼

鬼伝説の集大成

酒呑童子《しゅてんどうじ》

平安時代、山城国《やましろ》と丹波国《たんば》の国境にある大江山に住み着くようになった鬼の頭領・酒呑童子。八岐大蛇《やまたのおろち》の子とも伝わる恐ろしい鬼で、部下を引き連れては都を荒らし、貴族の娘を誘拐して側女《そばめ》にするか、もしくは刀で肉を削《そ》いで食べ、血をすすったといいます。

ただし、酒呑童子には複数の異なる伝承があり、出自も越後《えちご》の鍛冶屋の子説、近江《おうみ》の長者の子説、大和白毫寺《やまとびゃくごうじ》の稚児《ちご》説など様々です。

当時の治安はお世辞にも良いとはいえず、各地に山賊盗賊が跋扈《ばっこ》していました。そんな悪党どもの記憶が合体し、酒呑童子伝説に結実したのでしょう。

（関連情報→P90）

大きさ 3〜5メートルぐらい？
本拠地 京都府大江山
怖さ ★★★★★

鬼童丸

鬼

組織化されていく鬼の世界

酒呑童子の配下 ＋鬼童丸

しゅてんどうじのはいか＋きどうまる

酒呑童子の配下には、右腕的存在の茨木《いばらき》童子と、熊童子、虎熊童子、星熊童子、金熊童子の四天王がいたといいます。茨木童子は酒呑童子の幼なじみもしくは養い子との伝説があり、二人は固い絆で結ばれていたようです。大江山陥《かん》落《らく》後、渡辺綱《わたなべのつな》と対決した折に女性に化けていたことから女鬼《じょき》だったとの説も。

また、拐《かどわ》かされた女性の一人が生んだ酒呑童子の子は鬼童丸と名乗り、父の復讐を果たそうと源頼光《みなもとのらいこう》を付け狙ったという話も派生しました。どうやら酒呑童子一味の討伐は一筋縄《ひとすじなわ》ではいかなかったようです。

大きさ 様々
本拠地 京都府大江山
怖さ ★★★★★

鬼

独り懸命に生きた女の悲しき行く末

安達原の鬼婆《あだちがはらのおにばば》

三十六歌仙《さんじゅうろっかせん》の一人である平兼盛《たいらのかねもり》が「陸奥《みちのく》の安達が原の黒塚《くろづか》に　鬼籠《こ》もれりと言ふはまことか」と詠《よ》んでいることから、平安時代中期にはすでに奥州《おうしゅう》安達原に鬼がいるとの噂が都にまで届いていたことがわかります。

中世に入る頃には、この鬼は荒野《こうや》の苫屋《とまや》に老婆の姿で独り住み、旅人を泊めては命を奪ったという話が成立し、能「黒塚」が生まれました。

寂しい場所に独居する老女を鬼婆として退治する話はヨーロッパ諸国にもあり、かつて貧しい女性の長生きが楽なものではなかったことを窺わせます。

大きさ　人間大
出没地　奥州安達原（現福島県二本松市安達ケ原）
怖さ　★★★★★

鬼

女だからってなめないで

鬼女紅葉/鈴鹿御前

きじょもみじ/すずかごぜん

女鬼には豪の者もいました。第六天魔王《だいろくてんまおう》の申し子・紅葉《もみじ》は、元は都の貴族に仕えた才色兼備《さいしょくけんび》の美女でしたが、主家《しゅけ》の奥方を呪った罪で信州戸隠《とがくし》に追放されました。そこで盗賊の頭領となり、妖術を駆使《くし》して無敵を誇るも、最終的には都の討伐《とうばつ》軍に打たれます。しかし、本拠地だった鬼無里《きなさ》村では、都の文化を伝えた恩人として今でも慕われています。

鈴鹿御前も妖術を操る女賊《じょぞく》で、時には鬼と化して討伐軍と戦ったといいますが、一方で鬼を退治した天女との伝承もあり、像が定まりません。ただ、美女だったのは確実なようで、敵軍大将とのロマンスも伝わっています。

大きさ 人間大
出没地 鬼女紅葉 信濃戸隠鬼無里（現長野県長野市）
鈴鹿御前 鈴鹿山（滋賀県と三重県の県境）
怖さ 鬼女紅葉 ★★★☆☆
鈴鹿御前 ★★★☆☆

天狗

天狗の鼻はどうして高くなったのか

舒明《じょめい》天皇九年（637）2月、突然轟音《ごうおん》とともに天空を流れた天体を、旻《みん》という僧が「あれは天狗《あまつきつね》である」と判定したとする『日本書紀』の記録が、天狗という言葉の最古例です。

しかし、現代の私たちが思い浮かべる天狗像が生まれたのは平安時代中期以降。10世紀に書かれた『宇津保《うつほ》物語』には山中の怪音を天狗の仕業とする記述があるので、この時期にはすでに山中に住む怪としての天狗が成立していたことがわかります。ただし、初期の天狗の正体は糞鳶《くそとび》とされ、後に嘴《くちばし》のある烏天狗《からすてんぐ》の原形となりました。

一方、赤ら顔で長い鼻を持つ鼻高天狗が成立するのは、ぐっと下った13世紀頃でした。イメージの源は修験者や真言師《しんごんし》と呼ばれた下級宗教者だったと見られ、音の怪、山中の怪、そして荒事を好み呪術をよくするという天狗の持つ特徴は、これら全ての性質が組み合わさってでき上がりました。

同時に、傲慢《ごうまん》な僧侶が死後天狗になるとする説も早くから成立し、天狗が権力者側である仏教界を風刺する存在であったことがわかります。

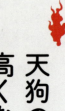

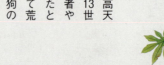

最初期の天狗はおそらくこの絵のようなものとしてイメージされていた。（国際日本文化研究センター所蔵）

東京・高尾山の薬王院境内にある天狗像。修験道の盛んな土地には必ず天狗伝説が残っている。

東京の御嶽山中にある天狗の腰掛杉。天狗にまつわる旧跡は全国各地にある。

天宇受売命とは
運命の出会いでした

天狗

大きな鼻がチャームポイント

猿田彦命

さるたひこのみこと

記紀神話に登場する異形の神々の中でも特に印象的なのが、この猿田彦命です。身長は7尺、口が赤く、眼は八咫鏡《やたのかがみ》のように輝いていましたが、驚くべきはその鼻の長さ。7咫《あた》、つまり数十センチメートルもあったとか。

天孫降臨の際には天の別れ道に立ち、瓊々杵《ににぎの》命《みこと》の案内をしようと待ち構えていたところ、あまりの容貌魁偉《かいい》に天照大神《あまてらすおおみかみ》が驚き、天宇受売《あめのうずめ》命《みこと》に正体を探らせました。

この逸話はやがて神楽舞《かぐらまい》の演目になり、猿田彦命には鼻の長い赤い顔の面が用いられましたが、これが鼻高天狗のイメージの源になったとみられています。

大きさ 約2メートル
出没地 天《あま》の八衢《やちまた》
怖さ ★★★★★

明治天皇も
朕を恐れたのだ

天狗

怨霊から天狗にジョブチェンジ

崇徳院《すとくいん》

平安末期、朝廷内の権力闘争である保元《ほうげん》の乱に破れ、讃岐国《さぬきのくに》に流罪となり憤死した（一説には暗殺とも）崇徳院は、世を恨んだ末に天狗になったといいます。『保元物語』では死に際し「大魔縁となり、皇《すめらぎ》を取って民《たみ》に民を皇となさん」と呪詛《じゅそ》していますが、実際、死後20年も経たないうちに人々は院の怨霊を恐れるようになりました。そして、『太平記《たいへいき》』では、大天狗となった崇徳院が国に騒乱を巻き起こす魔物たちの中心人物になった様子が描かれています。一方、心を寄せ、供養《くよう》してくれる相手には惜しみなく加護を与える面もあったようです。

大きさ 人間大
本拠地 讃岐国白峰陵（現香川県坂出市青海町稚児ヶ嶽）
怖さ ★★★★★

天狗

天狗界の神エイト

八大天狗

はちだいてんぐ

江戸時代に書かれた天狗経《てんぐきょう》によると、天狗の数は全国に12万5500狗、うち有力者は48狗で、最も力のある者たちは八大天狗として特別視されました。

彼らの名は本拠地《ほんきょち》の山名+〜坊という形になっていますが、坊とは元は僧侶の住居を指す言葉で、転じて僧侶そのものを指すようになり、それが天狗に流用されたのです。ここでも天狗と修験道の深い関わりがわかります。

今なおほとんどの霊峰《れいほう》に天狗伝説があり、神として祀られていることも少なくありません。魔物だった天狗は、長い年月を経て山の守護者となったのです。

大きさ 様々
出没地 日本各地
怖さ ★★★★☆

【愛宕山太郎坊《あたごさんたろうぼう》】
愛宕山（京都府）
首席天狗。愛宕神社の守護を仏から命じられた。火神・迦《か》具土《ぐつち》と同一視されることもあるが時々大火事を起こす。

【比良山次郎坊《ひらさんじろうぼう》】
比良山（滋賀県）
元は比叡山にいたが、最澄が延暦寺《えんりゃくじ》を開いたため引っ越しを余儀なくされた。比良山では先住の龍と戦ったとも言い伝えられている。

【鞍馬山僧正坊《くらまやまそうじょうぼう》】
鞍馬山（京都府）
生前は壱演《いちえん》という真言宗の高僧だったが、死後天狗になった。牛若丸《うしわかまる》（後の源義経《みなもとのよしつね》）の師として知られている。

【相模大山伯耆坊《さがみおおやまほうきぼう》】
相模大山（神奈川県）
相模坊の後任として伯耆大山から引っ越してきた。大山ネットワークがあったのか。富《ふ》士講《じこう》講中に人気が高い。

【白峯相模坊《しらみねさがみぼう》】
五色台白峰（香川県）
名の通り元は相模大山に住む天狗だったが、崇徳院を慰めるため進んで讃岐に移住した。面倒見がよいらしい。

【大峰山前鬼坊《おおみねさんぜんきぼう》】
大峰山（奈良県）
役小角に仕えた前鬼が修験の仏教化で天狗になったが、修験者を守護するのは相変わらず。やはり面倒見がよい。（関連情報→P28）

【彦山豊前坊《ひこさんぶぜんぼう》】
英彦山（福岡県／大分県）
九州の天狗を統べる。正体は天照大神の子・天忍穂耳尊《あめのおしほみみのみこと》とも。弱きを助け強きをくじく善神的性格が強い。

【飯綱三郎《いづなさぶろう》】
飯綱山（長野県）
荼枳尼天《だきにてん》と同体の神として祀られ、白狐に乗った姿で表される。戦勝の神として武将たちに厚く信仰された。

彦山豊前坊
飯綱三郎
愛宕山太郎坊
比良山次郎坊
大峰山前鬼坊
前
白峯相模坊
相模大山伯耆坊
鞍馬山僧正坊

河童

名前は色々あるけれど、水あるところに我らあり

河童が現れたのは室町時代頃といいますが、最盛期はもっぱら近世で、江戸時代には半ば実在の動物のような扱いをされていました。明治以降は迷信とされるようになったものの、昭和になっても目撃証言が絶えることなく、これほど実見譚《じっけんたん》や遭遇譚《そうぐうたん》が多い妖怪は他にいません。

河童には、人や家畜を水に引きずり込んで殺す恐ろしい面とともに、一緒に相撲を取って遊んだり、懲らしめられたら素直に改心するなど、親しみやすい面もありました。

なお、河童の誕生については、高名な大工（左甚五郎《ひだりじんごろう》や竹田番匠《たけだばんしょう》など）に帰する説話が語られました。

大工が請け負った工事の工期遅れを挽回するため、命を吹き込んで（あるいは勝手に動き出して）手伝わせた木くずや藁《わら》で作った人形が、工事終了後に川に捨てられ、それが河童になったというのです。

また、九州には平家の落人《おちゅうど》が河童になったという伝承もあり、河童には弱い立場にいた人々のイメージが反映されていることがわかります。

『彦山権現誓助剣』の登場人物として有名な豊後国毛谷村の百姓六助が河童と相撲を取る場面を描いた浮世絵。化け物と戦うのは武芸者の証だった。（国際日本文化研究センター所蔵）

東京都墨田区錦糸公園（錦糸堀跡地）の河童像。怪談「置いてけ堀」の舞台となった錦糸堀には河童がたくさん住んでいたという。

長崎市にある水神社の河童石。水を汚す人間に怒った河童の民話が伝わっている。

河童

水の神、または川の支配者とも

ミンツチ《みんつち》

北海道の先住民族であるアイヌに伝わる半人《はんじん》半獣《はんじゅう》の化け物で、姿形は総じて河童に似ているようですが、足の形が鎌《かま》のようになっているのが特徴です。

行動も似ていて、人を水中に引きずり込んで悪戯《いたずら》し、ひどい場合は殺したりもします。しかし、ピリカ・ミンツチ、あるいはミンツチカムイと呼ばれるものたちは人に危害を加えず、困った時には助けてくれました。

また、その昔、疱瘡神《ほうそうしん》と戦うために魂を与えられた蓬《よもぎ》の草と木の人形が、死後に化生してミンツチになったとする伝承もあります。

大きさ 3歳児ぐらい
出没地 北海道各地
怖さ ★★★☆☆

河童

いまや遠野のシンボルだよ！

遠野の河童

とおののかっぱ

遠野の川には河童がたくさん住んでおり、中心部を流れる猿ヶ石《さるがいし》川には特に多かったと『遠《とお》野《の》物語《ものがたり》』に書かれています。雨の日の翌日などは川岸の砂の上に足跡が付いているのも珍しくなかったそうです。

遠野の河童の一番の特徴はその色で、見た人の話によるととても綺麗《きれい》な赤色だったとか。

また、馬を引きずり込もうとして逆に捕えられた淵猿《ふちざる》（河童の別名）が、許してもらったお礼に家を守る座敷童子《ざしきわらし》になったという変わり種《だね》の話も伝わっています。

大きさ 50～60センチメートル
出没地 猿ヶ石川、カッパ淵など
怖さ ★★★☆☆

シバテンと呼ばれることもあるよ

猿猴

兵主部

河太郎

河童

一絡《ひとから》げに河童と呼ばないで

猿猴／河太郎／兵主部

えんこう／かわたろう／ひょうすべ

河童と同種とみられる水辺の化け物は、中国地方、四国、九州北部では猿猴、近畿圏と九州の北部以外の地域では河太郎、九州の一部地域では兵主部と呼ばれています。ただし、猿猴がエンコ、河太郎がガタロ、兵主部がヒョウスンボというように微妙に変化したり、同地域でも複数の呼び方が混ざる場合もあるので、明確な線引きはできません。

姿形は総じて幼児程度の大きさで、頭の上に皿があり、猿や子供に似ているという点で共通するようです。なお、兵主部とは中国の武神兵主神《ひょうずしん》（蚩尤《しゅう》）の眷属《けんぞく》という意味で、九州河童の中国由来説にも繋がります。

（関連情報↓P47）

大きさ　1メートルぐらい
出没地　水辺
怖さ　★★★☆☆

真っ赤な髪は潮焼けのせい？（キジムナー）

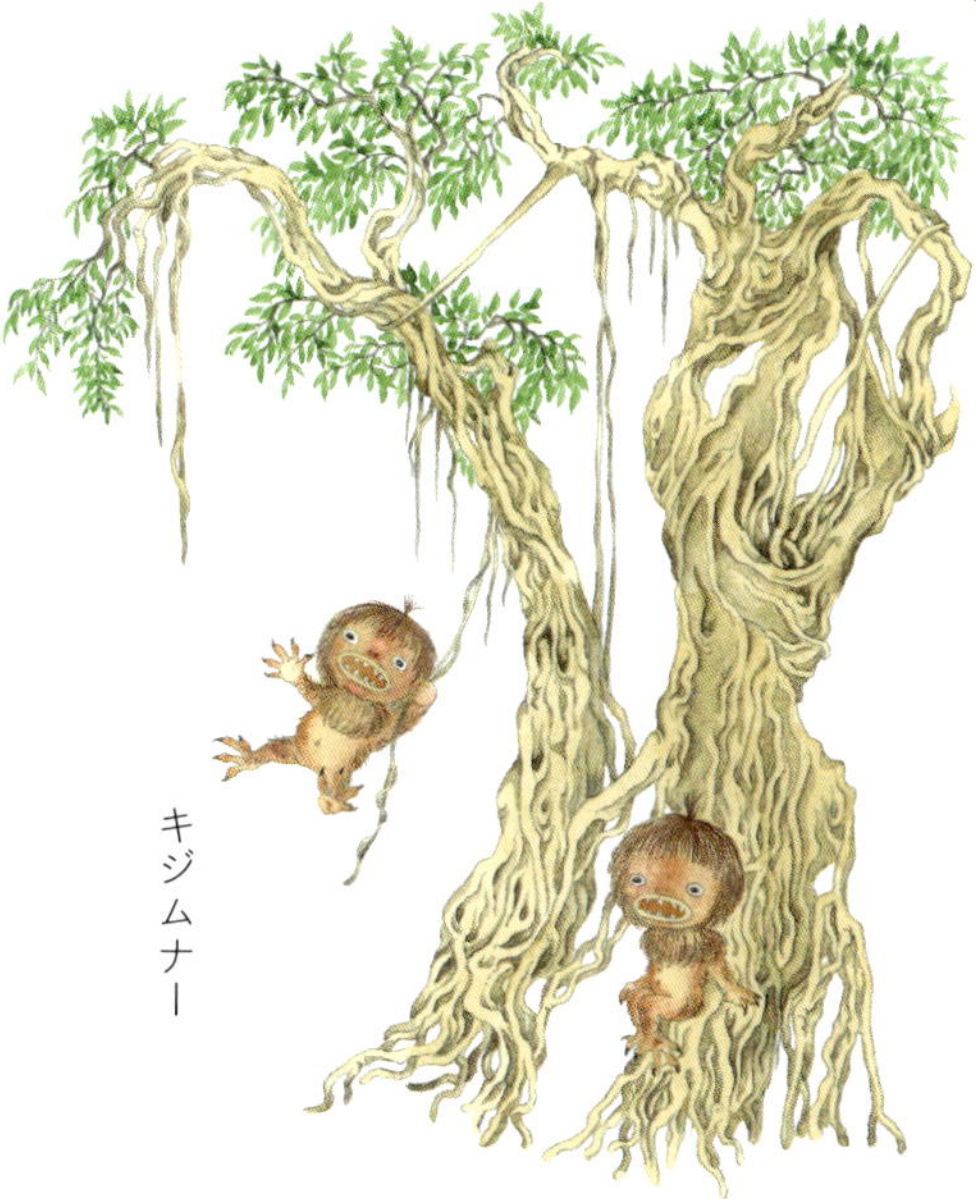

河童

いたずらもするけど、仲良しだよ

ケンムン／キジムナー

けんむん／きじむなー

本土とは趣の異なる風俗や文化を培《つちか》ってきた南西諸島にも、河童に類する水辺の化け物がいます。奄美《あまみ》地方はケンムン、沖縄はキジムナーと呼ぶのが一般的ですが、やはり各土地によって名称が異なります。また、ケンムンもキジムナーもアコウやガジュマルに住む木の精であるという点が、本土の河童と違うところです。しかし、相撲好きや駒引《こまび》きなど似た話が多くあり、伝承の交流があったことを窺わせます。

琉球《りゅうきゅう》の人にとってキジムナーは単なる魔物ではなく、親しみのもてる存在だったようで、友達になる話が多く残っています。

大きさ　1メートルぐらい
出没地　浜などの水辺
怖さ　★★★☆☆

河童

関東に手を出すものには容赦しないよ

禰々子河童

ねねこかっぱ

利根川《とねがわ》に住んでいた雌の河童で、関八州《かんはっしゅう》の河童を統べる大親分だったといいます。

とにかく気性《きしょう》が荒く、機嫌が悪いと堤防《ていぼう》を破ったり、牛馬や人を川に引きずり込んだりと大いに暴れました。しかし、加納《かのう》の地（現在の茨城県北相馬郡《きたそうまぐん》利根町《とねちょう》加納新田《かのうしんでん》）に至った時、ここを開拓していた加納久右衛門《かのうひさえもん》に捕えられ、懲らしめられて改心したといいます。加納家には今でも禰々子の像があり、安産や縁結びの神として祀られているそうです。

また、九州の親分河童・九千坊と利根川の覇権を争って戦い、勝ったとの言い伝えも残っています。

大きさ 人間ぐらい
出没地 利根川流域
怖さ ★★★☆☆

眷属が
九千いるから
九千坊じゃ

河童

九千坊《くせんぼう》

中国からやってきた水天宮の御眷属

筑後川《ちくごがわ》を根城《ねじろ》とする九州河童の頭目《とうもく》で、千数百年前に中国の黄河《こうが》から一族を引き連れて海を渡り、熊本県八代《やつしろ》に上陸したといいます。

初めは球磨川《くまがわ》に住んでいました。しかし、一族の河童たちがあまりにひどい悪戯をしたため、肥後《ひご》領主・加藤清正《かとうきよまさ》の怒りを買って退治されそうになり、仕方なく久留米《くるめ》の有馬《ありま》公に頼んで筑後川に移ったといいます。

ところで、九州には平家の怨霊が化生《けしょう》した河童も一大勢力を誇っており、そのせいかどうかはわかりませんが、九千坊は一時本州進出を目論んだようです。しかし、禰々子に敗れ、野望は潰《つい》えました。

（関連情報→P95）

大きさ　人間ぐらい
出没地　筑後川流域
怖さ　★★★★★

山の妖怪

里山も深山も山は妖怪吹き溜まり

日本人にとって、山中は聖域であると同時に魔界でもありました。

山の豊かな自然は人に生きる糧《かて》をもたらしますが、時として噴火や山津波を起こして村や町を瞬時に破壊します。その大いなる力に畏敬の念を抱くのは当然のことだったでしょう。

山に出るのは鬼や天狗だけではありません。見たこともないような異形たちが跳梁跋扈しています。深山は言うに及ばず、時には里山でさえ化け物の巣窟になりました。

山、それは一歩踏み込めばもう異界という恐るべき場所なのです。

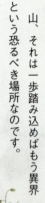

古き国津神の面影を残す大蛇

八岐大蛇

やまたのおろち

一つの体に頭と尾が八つある大蛇。目は鬼灯《ほおずき》のように輝き、腹は常に血で爛《ただ》れ、体長は八つの谷と峰にわたるほどでした。そして、人身御《ひとみご》供《くう》を要求する悪神でもありました。

オロチ退治神話の解釈は様々ですが、オロチを風水害の神格化、生贄《いけにえ》の奇稲田姫《くしなだひめ》を稲田の人格化とする説があります。つまり、外来の神である素盞嗚命《すさのおのみこと》が古い神を退治して稲田を得る物語と読めるのです。

また、オロチの姿の描写から当時出雲で盛んだった製鉄にまつわる神話とする説もあります。八岐大蛇は古代日本で起こった社会の変化を今に伝える存在なのです。

大きさ　巨大
出没地　出雲国肥河（現島根県斐伊川）
怖さ　★★★★★

中国の山の精も一本足だって

山の妖怪

もののけ姫の世界の末裔？

一本ダタラ《いっぽんだたら》

一つ目に一本足の化け物で、雪の積もった日には幅30センチメートルほどもある大きな足跡を残していくといいます。

不思議なことに、山中に出る妖怪には目一つ足一本のものが少なくありません。この理由について、民俗学では古代の生贄の儀式に結びつける説、または蹈鞴《たたら》を踏む製鉄民が職業病的に片目片足を病むことに起源を求める説（古代の製鉄所は鉱山近くに作られた）など諸説ありますが、いずれにせよ、一本ダタラもまた古代日本の欠片《かけら》を伝えるモノであるようです。

大きさ　約2メートル
出没地　紀伊半島の山中
怖さ　★★☆☆☆

たまには
違う言葉を
返してみたい

山の妖怪

誰でも体験できる山の怪

山彦

やまびこ

声を反射する遮蔽物《しゃへいぶつ》とほどほどの空間さえあれば、山でなくても会うことができます。ただし、姿は見えませんが。

音が振動であることを知る現代人にとっては、「こだま」は物理的現象に過ぎませんが、昔の人にとっては山の不思議に他ならず、当然それを起こす怪がいると想像しました。

もっとも、地域によっては深山で突然聞こえてくる恐ろしい声こそ山彦なのだそうで、そちらは確かに化け物が出している音なのかもしれません。

大きさ 不明
出没地 世界各国
怖さ ★★★★★

大きな声が自慢じゃ
（山爺）

山の妖怪

老若男女揃った山の一家

山人《さんじん》

日本各地の昔話に登場する山男や山女。中でも最も有名なのが山姥《やまうば》でしょう。人を喰う鬼婆かと思えば人助けもする、自然の猛威と恵みを象徴するような存在です。若くて美しい場合は山姫《やまひめ》と呼ばれます。

山爺《やまじじ》は全身毛むくじゃらの一本足で、片目が極端に小さいため一見独眼に見えるとか。歯が強く狼さえ頭からバリバリ食べるそうです。

山童《やまわろ》は、悪さもしますが手伝いもよくします。一説には春の彼岸《ひがん》に山を降りて河童になり、秋の彼岸になったらまた山に帰るそうですが、田の神にも同様の伝承があるのがおもしろい点です。

大きさ　色々だが大きくても2メートルぐらい
出没地　日本各地
怖さ　★★★☆☆

手に米と書いて
舐めても
効くんじゃぞ

山の妖怪

山に行く時には非常食を忘れずに！

ひだる神

ひだるがみ

山道を歩いていると突然空腹になり、全身倦《けん》怠感《たいかん》に襲われて動けなくなる……こんな症状はひだる神の仕業といいます。正体は山で横死《おうし》した人が餓鬼《がき》になったもので、少しでも食べ物を口にすると体から離れます。ですから、山に入る時には必ず食べものを持って入り、かつ一度に全て食べてしまわず、一口分でも残しておくとよいそうです。

ただし、中には「お前はお茶漬けを食べたか」と問うてきて、食べたと返事すると腹を裂いて胃の中の飯粒を食べようとする凶暴なものもいるそうなので、ご用心。

大きさ　人間ぐらい？
出没地　日本各地
怖さ　★★★★☆

こいつうぜえ、
と思っただろ

山の妖怪

一番会いたくない化け物かも

さとり《さとり》

人の心の中を読む化け物、それがさとりです。相手が思ったことを次々と言い当て、隙ができたら獲って食おうとします。ですが、大抵はたき火の火が突然爆《は》ぜたのが当たるなど、予測不能な反撃を受けてほうほうの体《てい》で逃げていくという落ちになります。

思考を全て読み取られるなんて気味悪い上に間違いなくイラッときますが、「物事には不測の事態がつきもの」と身を以て教えてくれる妖怪だと思えば、少しは気が収まるかもしれません。

大きさ 人間ぐらい？
出没地 日本各地
怖さ ★★★★☆

山の妖怪

美しく恐ろしい雪の精

雪女《ゆきおんな》

小泉八雲《こいずみやくも》が記した怪談で有名なためか、色白の美しい女の姿をして、人と情を通じる嫋《たお》やかさもある妖怪というイメージが強いですが、各地の伝説を見る限り、なかなかどうして恐ろしい雪女も少なくありません。

東北には産女《うぶめ》のように赤子《あかご》を抱いてくれと頼み、言葉通りにすると突然冷気に襲われ凍死するという伝承を持つ雪女がいますし、声をかけられて無視したら谷底に突き落とされるというわがままタイプもいます。雪山の美女は危険なのです。

大きさ 人間大
出没地 日本各地の雪山
怖さ ★★★★★

水辺の妖怪

水の国にさきわうあやかしたち

水は命の母です。しかし、災厄をもたらしもします。特に日本列島は大規模な水害や津波に見まわれることが稀でなく、水の事故で命を失う人も毎年必ず出ます。

水そのもの、そして異界の入り口としての海や滝への畏怖《いふ》は様々な妖怪を生みました。水辺の怪の多様性は、すなわち日本が水の国であることの証明なのかもしれません。

水底や
龍宮が
棲み家だ

水あるところに龍神あり

龍《りゅう》

水の恵みと恐ろしさをふたつながらに体現する龍は、荒ぶる神として畏《おそ》れられるとともに、真摯《しんし》な祈りが捧げられる対象でもありました。

　現代の私たちが思う龍の姿は中国から伝わったものですが、日本では古来より水の霊性《れいせい》をミズチと呼び、神として祀っていました。

　仏教伝来後は、暴れ龍を仏神や高僧が鎮《しず》め、封印したという伝説が増えます。これは神仏習合の過程で生まれた「古き神に対する仏の力の優越」を示した説話と解釈することができるでしょう。

大きさ　巨大
出没地　日本各地
怖さ　★★★☆☆

いかついけれど、
案外雌かも

水辺の妖怪

各地の水辺で大暴れ！

牛鬼《うしおに》

ギュウキ、またはゴキとも呼ばれる化け物で、浜や淵など水辺に出現します。頭が牛で体が鬼、逆に頭が鬼で体が牛、もしくは土蜘蛛の体に牛の首がつくものもいます。

その起源は古いようで、清少納言《せいしょうなごん》が『枕草子《まくらのそうし》』で「名おそろしきもの」として上げており、少なくとも平安時代にはすでに有名だったようです（ただしこれは牛頭鬼《ごずき》を指すという説も）。

山陰から北九州では濡《ぬ》れ女《おんな》とともに現れたり、女に化けたりすることもあり、何かと謎の多い存在です。

大きさ　巨大
出没地　西日本の浜辺や淵、滝
怖さ　★★★★★

水辺の妖怪

空一面の幻は貝の見る夢

蜃気楼《しんきろう》

山彦同様、海にも自然現象が妖怪化したものがいます。蜃気楼です。海上の空中に突如現れる見知らぬ風景。今でこそメカニズムは明らかになっていますが、昔の人が神秘的な存在の仕業と考えたのは無理もありません。日本では、中国の歴史書『史記《しき》』にある「蜃《しん》（大蛤《おおはまぐり》）の吐き出す気によって形づくられる」という説が信じられていました。

富山県魚津《うおづ》市《し》では春、朝夕の気温差が大きい時期に蜃気楼が現れることがあるので、運がよければ見られるかもしれません。

（関連情報→P51）

大きさ　巨大
出没地　富山県魚津市など
怖さ　★★★★★

底を抜いとくなんてずるいぞ

水辺の妖怪

板子一枚、下は地獄

船幽霊《ふなゆうれい》

濃霧や時化《しけ》の夜に航行する船の前に立ちはだかり、沈没させようとする恐ろしい幽霊。海や河で無念にも死んだ者たちの怨念が凝り固まったものといいます。

甲板《かんぱん》に並んだ亡者《もうじゃ》たちは口々に「柄杓《ひしゃく》を貸せ」と迫り、貸したが最後その柄杓で水を汲み入れ、生者の船を沈めるのです。しかし、底の抜けた柄杓を渡すと水が汲《く》めず、最後には諦めて姿を消すとか。

海難事故の恐ろしさを雄弁に物語る怪ではありますが、なんだか憎めない感じもします。

大きさ 単体だと人間ぐらい？
出没地 日本中の海
怖さ ★★★★☆

水辺の妖怪

出会ったら、逃れられない

七人ミサキ

しちにんみさき

水辺を歩いているとどこからともなく現れる七人組の亡霊で、これに行き合うと熱病に罹《かか》り、命を落としてしまいます。しかし、本当に恐ろしいのはこの後。七人ミサキに憑かれて死んだ者の魂は七人ミサキに取り込まれてしまい、代わりに七人の中で最も昔に死んだ霊が成仏していきます。ですから、七人ミサキは常に次の犠牲者を探して歩き続けるのです。

山や辻に出る場合もあるため、出会わずにすむかどうかは運次第といえるでしょう。

大きさ　人間ぐらい
出没地　四国や中国地方の水辺
怖さ　★★★★★

水辺の妖怪

あんまりかわいくなくてごめんなさい

人魚《にんぎょ》

日本の人魚は不気味な容貌《ようぼう》をしているものがほとんどです。若狭《わかさ》地方周辺には人魚の話が多く、人魚の肉を食べて不老不死になった八百比《やおび》丘尼《くに》の伝説や、神使《しんし》である人魚を殺した祟りで滅んだ村、前世の罪業《ざいごう》により人魚に転生した男の話などが残っていますが、往々にして不吉な存在と見なされていました。また首のあたりに鶏冠《けいかん》状のものがついているという伝承が複数あるのも特徴です。

沖縄の人魚・ザンは美しい女性の姿ですが、捕えると不吉な出来事が起こるのは同じ。見つけてもそっとしておくのがいちばんなようです。

大きさ　40～50センチメートルから人間大
出没地　日本各国の海辺
怖さ　★★★★☆

プロポーションは
誰にも
負けないわ

水辺の妖怪

時には人と恋に落ちることも

女郎蜘蛛《じょろうぐも》

男が滝壺の傍らで休んでいると小さな蜘蛛《くも》が現れ、足に糸をかけていく。男が何の気なしにその糸を近くの古株に移したところ、間もなく古株はものすごい力で引き抜かれ、滝壺に消えていった。これは滝壺の主である女郎蜘蛛の仕業で、男を獲って食おうとしたのだ。

こうした昔話が静岡の観光スポット浄蓮《じょうれん》の滝などに伝わっています。また、徳島には若い男の生き血を吸う女郎蜘蛛の話が。実在のジョロウグモは形や色が美しく、かつ巣を張って獲物を捕えるところから、男を獲って食う妖怪が想像されたのでしょう。

（関連情報→P94）

大きさ 様々
出没地 日本各国の滝
怖さ ★★★★☆

狐狸

コンコンさんも ぽんぽこさんも

狐と狸は野生動物でありながら人里に巣を作ることもあるけれど、犬猫のように家畜《かちく》化するわけでもなく、人間とは一定の距離感を保ってきました。自然界と人間界の境界にいる動物であるがゆえにエピソードも多いのでしょう。

狐狸が化けるという発想は古代に成立しており、正史である『日本書紀』には推古三十五年（627）に陸奥《むつ》国で狢《むじな》が人に化けて歌を歌ったという記述、また『日本霊異記《にほんりょういき》』には美しい女に化けた狐を妻にした男の話が載っています。また、ことわざでは「狐の七《なな》化け狸の八《や》化け」といいますが、本当に狸の方が一枚上手なのかは不明です。

恋しくば
尋ね来て見よ
和泉なる信太の森のうらみ
葛の葉

狐狸

「狐女房」説話の集大成

葛の葉《くずのは》

狐女房《きつねにょうぼう》説話が口承文芸として結実したのが、信太妻《しのだづま》の物語です。

危機一髪を安倍保名《あべのやすな》という若者に救われた女狐は、保名の恋人・葛の葉に姿を変えて二世を契り、後に安倍晴明《あべのせいめい》となる子まで成します。しかし、ある日正体を見られてしまったため、和歌を一首残し、信太の森に帰ってしまいます。その後、会いに来た我が子に秘符《ひふ》と名玉《めいぎょく》を授け、その力で晴明は大陰陽師《おんみょうじ》になったのです。

異能の人物は異常な誕生譚を付加されることが多く、葛の葉説話もその一環ですが、愛しあう夫婦と子の別れは多くの人の心を打ち、浄瑠璃や歌舞伎の演目になりました。

大きさ 人間ぐらい
出没地 和泉国信太の森（現大阪府和泉市葛の葉町）
怖さ ★★★★★

狐狸

水の神、または川の支配者とも

九尾の狐

きゅうびのきつね

古代中国の地理書『山海経《せんがいきょう》』で「嬰児《えいじ》の声で鳴き人を喰う狐」として紹介されるのが最も古い記録ですが、瑞獣《ずいじゅう》でもあった九尾の狐。しかし、日本ではもっぱら妖力で国を傾けようとした玉藻《たまも》の前《まえ》の正体として知られています。

絶世の美女に化け、鳥羽《とば》上皇の寵愛《ちょうあい》を得て権力をほしいままにするはずが、陰陽師によって正体を暴かれてしまい、逃げ落ちた那須野《なすの》でも傍若無人《ぼうじゃくぶじん》に振る舞った結果、討伐されます。

しかし死体は巨石となり、毒の気を吐くようになりました。日光《にっこう》にある史跡・殺生石《せっしょうせき》こそ、その石だといいます。

（関連情報→P72、P94）

大きさ 不明

出没地 都の内裏、那須野（現栃木県那須町）

怖さ ★★★★★

狐狸

僧と狐の悲しい結末

白蔵主

はくぞうず

堺にある少林寺《しょうりんじ》に白蔵主という僧がいました。永徳《えいとく》元年（1381）のある日、竹林で三本足の白狐を見つけた白蔵主は、これぞ深く信仰する稲荷神の神使と考え、連れ帰って可愛がります。驚いたことに狐は本当に霊力を持っていて、白蔵主をよく助けました。しかし、白蔵主の狩猟好きの甥が、白蔵主に化けて殺生《せっしょう》の罪を諫《いさ》めに来た狐を殺してしまいます。

悲しんだ白蔵主は白狐を祀り、後に「白蔵主稲荷」と呼ばれるようになりました。

この話は狂言「釣狐《つりぎつね》」の元となり、全国に類話が広がっていきました。

大きさ　人間ぐらい
出没地　少林寺（大阪府堺市堺区）
怖さ　★★★★★

佐渡島の親分は団三郎狸だポン

狐狸

狐なんぞ目じゃないね

四国八百八狸

しこくはっぴゃくやだぬき

狐狸に勢力争いがあったかどうかは定かではありませんが、四国と佐渡島《さどがしま》の二箇所は圧倒的に狸の天下です。特に四国は八百八狸というほど多くの化け狸が住み、時には戦《いくさ》をすることもありました。阿波《あわ》狸合戦です。

江戸末期の阿波で勃発した金長狸《きんちょうたぬき》と六衛門《ろくえもん》狸《たぬき》の争いは、淡路の芝右衛門狸《しばえもんたぬき》や屋島《やしま》の禿狸《はげだぬき》こと太三郎狸《たさぶろうたぬき》を巻き込んだ大騒動になりましたが、最終的には手打ちとなり、阿波に平和が戻ったといいます。

また、八百八狸の頭領ともいう伊予《いよ》国の隠神《いぬがみ》刑部《ぎょうぶ》は松山藩のお家騒動に介入するほどの力を持っていました。四国はまさに狸国なのです。

大きさ	様々
出没地	四国全土
怖さ	★★★★★

狐狸

かわいいは正義

赤殿中《あかでんちゅう》

夜になると赤い殿中羽織《でんちゅうばおり》（袖なしの羽織）を着た子供に化けて、道で出会った人におぶってくれとせがみました。

言うとおりにしてやると、まるで幼児のように足をばたばたさせながらキャッキャッと笑い、喜んだそうです。

ただこれだけの話なのですが、想像するだに愛らしいためか、近頃人気があります。

大きさ 人間の子供ぐらい
出没地 徳島県板野郡堀江村（現徳島県鳴門市大麻町）
怖さ ★★★★★

人里の妖怪

人がいるから、妖怪がいる

妖怪は草深い田舎のみにいるものと思う向きも多いでしょうが、妖怪は人の往来が多いところほどバリエーションが豊富になり、語られる種類も増えます。人里にしか現れない（正確に表現すると、人里にしか現れることができない）ものたちもいます。

ここからはそんな妖怪を紹介しましょう。

人里の妖怪

頭は猿、手足は虎、体は狸、尾は蛇

鵺《ぬえ》

近衛《このえ》天皇の御代《みよ》、夜毎《よごと》内裏《だいり》の御殿の上に黒雲がかかり、まだ幼い帝《みかど》が大いに怯えるという変事がありました。そこで弓の名人・源頼政《みなもとのよりまさ》に見定めさせたところ、雲中に潜む怪物を発見、これを退治したのです。その怪物の声が鳥のヌエ（トラツグミ）に似ていたため、後に鵺と呼ばれるようになりました。

怪物の死体はうつぼ船に載せ、川に流しましたが、流れ付く先々で祟りをなしたといい、今も大阪市都島区《みやこじまく》や兵庫県芦屋市《あしやし》に鵺塚《ぬえつか》があります。しかし、塚を作ってもなお祟りは止まなかったようで、近衛天皇は17歳で早世、頼政は後に戦に敗れ自害しました。

大きさ 虎ぐらい？
出没地 都の内裏
怖さ ★★★★★

人里の妖怪

強烈な呪いを発する憑き物

犬神

いぬがみ

犬神は人が使役する憑き物で、体は小さく鼠《ねずみ》か鼬《いたち》ぐらいなのですが、呪力は強く、憑いた相手の心身を病ませ、苦しめます。

正体は飢えた犬を惨殺して人工的に作った怨霊とも、鵺が撃ち落とされた時に四つに分裂したうちの一つ、または玄翁和尚《げんのうおしょう》が殺生石を割った際に飛んだ欠片の一つが落ちた場所に生じた化生ともいわれていますが、いずれの話も祟りの強さを物語っているのでしょう。

犬神を落とすには呪術者に頼るしかなく、人々は大いに恐れました。

（関連情報→P66、P71）

大きさ　鼠ぐらい
出没地　中国地方以西の農村地帯
怖さ　★★★★★

猫又になるほど長生きしてねっていう飼い主も多いニャ

人里の妖怪

大事にしないと七代祟るニャ

化け猫《ばけねこ》

化け猫には人を喰い殺す恐ろしいものから、飼い主に恩返しをするもの、手ぬぐいを被って踊るだけのものなど様々います。年老いて尻尾が二股に分かれたものを特に猫又といいます。

最も有名な鍋島藩《なべしまはん》の化け猫騒動は、可愛がってくれた飼い主の仇を取るために化け猫となり復讐する話ですので、怖い系と恩返し系のミックスです。

また、死体を操る力があるといい、火車《かしゃ》という化け猫は葬列や墓場から死体を奪いますが、奪った死体をどうするのかについては定かではありません。

大きさ 普通の猫、しかし化けると大きくなることも
出没地 全国各地
怖さ ★★★★☆

人里の妖怪

予言獣は社会不安の証

件／アマビエ

くだん／あまびえ

件は人面牛身の妖物で、生まれ落ちてすぐ一言だけ予言し、死んでしまうといいます。

一方、アマビエも予言する妖物で、こちらは肥後の海に出現し、豊作や疫病の流行を予言して立ち去りました。その際、「流行病が出たら自分の姿を描いた絵を人々に見せよ」と言い残したそうです。

件もアマビエも出現時期は江戸末期で、この時期には他の地域にも予言する妖物が頻出《ひんしゅつ》しました。社会不安が流言《りゅうげん》を生む典型例といえるでしょう。

第二次世界大戦中にも予言したぞ
（件）

［件］
大きさ　子牛程度
出没地　西日本
怖さ　★★★☆☆

瓦版屋の販促用キャラクターかも
（アマビエ）

［アマビエ］
大きさ　1メートルぐらい？
出没地　肥後国（現熊本県）
怖さ　★★★☆☆

小豆洗おか、
人とって喰おか

人里の妖怪

怪音あるところに小豆研ぎあり

小豆研ぎ

あずきとぎ

川や用水路、井戸端などで小豆《あずき》を研ぐような音がすると、小豆研ぎの仕業とされました。しかし、その姿を見たものはなく、典型的な音の怪といえます。

ですが、名前が付けば物語も生まれるもので、その正体については姑《しゅうとめ》にいびり殺された嫁説、同僚の僧の嫉妬を買って井戸に投げ込まれた小僧説など色々あります。

また、研いでいるのは米だったり、洗濯の音とする地域もあり、怪音現象が珍しくなかったことが窺えます。

大きさ 人間ぐらい？
出没地 全国各地
怖さ ★★★★★

人里の妖怪

不潔な風呂場が大好きです

垢なめ

あかなめ

古い風呂屋や荒れた屋敷に出る化け物で、名前の通り積もった垢《あか》や埃《ほこり》を舐め取るといいます。また、人が寝静まった後、家の風呂場に忍び込んでは風呂桶についた垢を舐めるとも。

いずれにせよ、地域に風呂屋があるような都市か、家風呂を持てる程度の暮らしをしている家庭がないと成り立たない妖怪であり、江戸時代には入浴習慣が庶民にまで広まっていたこと、また衛生観念が発達していたことなどが、その存在から類推《るいすい》できます。

大きさ　人間ぐらい？
出没地　風呂場
怖さ　★★★★★

［砂かけ婆］
大きさ　人間ぐらい？
出没地　人気のない道、神社の森など
怖さ　★★★☆☆

［子泣き爺］
大きさ　赤ちゃんぐらい
出没地　徳島県山間部
怖さ　★★★☆☆

人里の妖怪

婆はポピュラー、爺はレア

砂かけ婆／子泣き爺

すなかけばばあ／こなきじじい

砂かけ婆は、人気《ひとけ》のない場所を歩いていると、突然砂を撒《ま》きかけられるという現象から生まれた妖怪。婆という名なのに正体は狸や狐などの動物とする伝承もありますが、その姿は見えないといいます。

一方、子泣き爺は、1938年に柳田國男《やなぎたくにお》の「妖怪名彙《ようかいめいい》」で報告されていますが、近年の調査で伝承の有無について疑問も呈されています。

しかし、姿が見えない砂かけ婆も、いるかいないかわからない子泣き爺も、現代の日本人なら誰でも知る妖怪になりました。もちろん、漫画家・水木しげるの力です。

［塗壁］
大きさ　不明
出没地　九州北部
怖さ　★★★☆☆

［一反木綿］
大きさ　約12メートル
出没地　鹿児島県肝付町
怖さ　★★★☆☆

人里の妖怪

今じゃすっかりスター妖怪
塗壁／一反木綿《ぬりかべ／いったんもめん》

この両妖怪も、水木しげるの漫画やアニメによって全国区になりました。

塗壁は夜道で突然目に見えない壁のようなものが立ちふさがり進めなくなる怪のことで、左右に避《よ》けようとしても無駄だといいます。

一反木綿は名前の通り一反ほどもある木綿のような白いものがひらひらと飛び、夜間に人を襲うといいます。出現場所が狭い地域に限られているため、本来なら知る人も少なかったはずですが、ゲゲゲの鬼太郎の仲間になったことで、一躍メジャーな妖怪になりました。

毛羽毛現

大きさ　1メートルぐらい？
出没地　庭先の水瓶などあるところ
怖さ　★☆☆☆☆

否哉

画家の風刺精神が生んだ妖怪
毛羽毛現／否哉
けうけげん／いやや

江戸時代にも、後世の妖怪イメージの形成に大きな影響を及ぼした絵師がいました。鳥山石燕《とりやませきえん》です。石燕は自身の妖怪画集に、民間伝承にある妖怪だけではなく、オリジナル妖怪も加えました。

毛羽毛現や否哉はその代表例です。毛羽毛現は全身毛むくじゃらだから毛羽毛現、また姿形は若い女性なのに顔だけ翁の否哉には中国の故事を引用したもっともらしい説明がついていますが、単に石燕が「こんな化け物はいやや」と思って名付けたようにしか見えません。

大きさ　人間大
出没地　街中
怖さ　★☆☆☆☆

人里の妖怪

元祖都市伝説？　顔のないオバケ

のっぺらぼう

のっぺらぼう

一見普通の人間ながら、振り向くと目鼻口がないという化け物で、どうやら人を驚かせることだけが目的のよう。

小泉八雲の「貉《むじな》」は、江戸・赤坂の紀伊国《きのくに》坂を舞台にした「のっぺらぼう怪談」ですが、一度起こった怪異が再び起こるいわゆる「再度《さいど》の怪」と呼ばれる怪談手法が取り入れられており、類話も日本国中に広まっていることから、今で言うところの都市伝説的な妖怪であったことがわかります。正体は狸や貉などの化ける動物と認識されていたようです。

大きさ　人間大
出没地　全国各地
怖さ　★★★★★

人里の妖怪

草双紙生まれ、江戸育ち

豆腐小僧《とうふこぞう》

盆に乗せた紅葉《もみじ》豆腐《どうふ》を手に持ち、大きな笠を被った子供の妖怪で、豆腐を持って佇むだけ。時折、他の妖怪に使い走りをさせられていますが、基本、何もしません。

どうやら、江戸中期以降に創作された妖怪であるらしく、草双紙《くさぞうし》（絵入りの娯楽本）や子供の玩具のキャラクターとして大変持て囃《はや》されました。鬼太郎やジバニャンたちの大先輩といったところです。明治以降は廃《すた》れていましたが、近年京極夏彦《きょうごくなつひこ》が小説で取り上げたため、妖怪好きの間では人気が再燃しています。

大きさ　子供ぐらい
出没地　草双紙、玩具
怖さ　★★★★★

人里の妖怪

ルーツはダイダラボッチとも

見越入道

みこしにゅうどう

夜道や暗い坂道を歩いていると、目の前にふいに僧形《そうぎょう》の大男が現れ、思わず見上げたら見上げた分だけどんどん高くなっていくという化け物で、次第高《しだいだか》、伸上《のびあが》り、高坊主《たかぼうず》など、名前は異なれど同じ振る舞いをする妖怪が全国にいます。

そのポピュラリティと見た目の迫力ゆえでしょうか、草双紙では妖怪の親玉として扱われるようになり、さらには豆腐小僧の父（または祖父）との設定が付加されるなど、完全にキャラクター化しました。非常に江戸期らしい変遷《へんせん》を辿った妖怪といえます。

大きさ 人間ぐらいから山より高くなるまで
出没地 日本全国
怖さ ★★★★★

妖怪に会いに行く

Story

妖怪に会いたい……。
そんなあなたのために、
東北から九州まで
全国各地の妖怪名所を
ピックアップしてみました。
知的好奇心が刺激されること
請け合いの「妖怪ツーリズム」に
出かけてみませんか？

一度は行きたい
何度も行きたい　妖怪の聖地

境港市
水木しげるロード

●鳥取県

JR境線境港駅を下車すぐ

米子自動車道米子ＩＣから国道４３１号を北上

枕返し（まくらがえし）
枕をひっくり返して安眠妨害する妖怪。

いそがし
人を忙殺させる妖怪。

執筆中の水木しげる。

みなとさかい交流館

妖怪神社

境港駅

河童の泉

口裂け女も待っています。

みんな大好き猫娘♡

マナー看板にも鬼太郎が！

もはや説明が必要ないほど全国的に有名な観光スポットとなった水木しげるロード。境港駅前から本町アーケードまでの約800メートルの間に、漫画家・水木しげるが半世紀以上にわたって残した妖怪画のブロンズ像が150体以上も並んでいます。途中には妖怪神社や水木しげる記念館など見どころもいっぱい。ここでしか売っていない妖怪グッズや妖怪グルメも楽しめる、妖怪好きにとってはまさに天国のような場所です。

妖怪探訪を始めるなら、まずはここから

遠野市

遠野郷

●岩手県

🚃東北新幹線新花巻駅からJR釜石線で遠野駅下車
🚗東北自動車道花巻JCTから釜石自動車道へ、宮守ICで国道107号を経て国道283号へ

遠野伝承園

遠野地方の伝統的な暮らしを体験できる施設。東北地方の民間信仰「オシラサマ」の展示部屋は必見。

寒戸の婆伝承地

神隠しにあった女性が強風の日に帰ってきて、また去っていく「寒戸《さむと》の婆《ばば》」の話が伝わる場所。

佐々木喜善之像

遠野伝承園内には、『遠野物語』を生むきっかけを作った文学者・佐々木《ささき》喜善《きぜん》の記念館が。

かっぱ淵

河童がたくさん住んでいたという場所。岸辺にはきゅうりを餌につけた釣り竿が置かれている。

常堅寺《じょうけんじ》

かっぱ淵の側にある曹洞宗のお寺。全国でここにしかないかっぱ狛犬がある。

卯子酉様《うねどりさま》
愛宕山の山麓にある小さな神社。かつてあった淵には主が住んでいて、恋の願いを叶えてくれたという。
南部曲り家
続石
五百羅漢

柳田國男の『遠野物語』によって、地元で語られた話が全国に知られるようになった遠野郷。キャッチフレーズが「民話の里」であるため、牧歌的風景広がる山村というイメージを抱きがちですが、実は鎌倉時代以前からすでに交通の要衝《ようしょう》であり、江戸時代以降は城下町としても栄えました。一方、周縁の農村地帯を過ぎると、次の街場まではただ山々と原野が広がるばかり。こうした環境の多様性こそが、遠野を民話、そして妖怪の里にしたのです。

妖怪はどのような場所に生まれるのか。それを体感するにはうってつけの町です。

情緒豊かな城下町は、一皮むけばお化け町！

臼杵市

旧城下町

●大分県

🚃 大分駅からJR日豊本線経由、臼杵駅下車、所要時間30分（特急利用）
🚗 大分自動車道大分IC から臼杵ICへ、大分市内から車で約24分

龍源寺
臼杵城址
老婆に化けた赤猫がいた。
臼杵市観光交流プラザ
サーラ・デ・うすき
戦で主人を見捨てたと勘違いされ殺された馬の首が出る。
河伯。悪戯を許してもらう代わりに河童の妙薬を教えた。

大分県の臼杵《うすき》といえば、国宝「臼杵石仏」が有名です。でも、旧城下町エリアには驚くほどたくさんのお化けスポットが！　臼杵もまた古くから港町、そして城下町として栄える一方、背後に豊かな自然を抱えている、妖怪にとっては理想的な環境でした。

臼杵市観光交流プラザには妖怪巡りに特化した案内地図「うすきミワリーマップ」が用意されています。マップを片手に昔の町並みが保存された情緒豊かな街をそぞろ歩けば、視線の先には妖怪が……なんてこともあるかもしれません。

八坂神社
がもじい。浜町の蔵の中に現れる化け物。
人魂を食べた結果、夜目が効くようになった男の伝説が残る。
その昔、この辺りに産女が出た。
境内の三重塔を四隅で支える天邪鬼像。
龍源寺
小豆あらい。浜町や平清水周辺の井戸や家の間に出た。

酒呑童子の首が眠る国境の峠

老ノ坂（京都市／亀岡市）

首塚大明神

●京都府

嵯峨野線亀岡駅から京阪京都交通バス峠西口、または京阪京都交通バス老の坂峠下車、徒歩約15分

頼光たちは首級を都まで持って帰るつもりだったが、峠に安置されていた地蔵尊が、「鬼の首のような不浄なものを都へ持ち帰ってはならぬ」と言うやいなや、押しても引いても首を収めた容れ物が動かなくなったため、やむなくこの場所に埋めたという。

「大江山酒天童子絵巻物」より
● 国立国会図書館所蔵

山伏姿で鬼ケ城に向かう源頼光一行。倒れた松の木が橋代わりになるほど険しい山道だった。

訪れた頼光一行をもてなす酒呑童子。度胸試しに出した生き血をすすり、人肉も平気な顔で食べる様子に酒呑童子も呆れ顔。

神酒の力で妖力が弱まり、鬼としての正体を現した酒呑童子。この後、大乱戦の末、首を討ち取られることに。騙し討ちに対し「鬼に横道なきものを！」と叫んで、頼光たちの卑怯を詰《なじ》ったと伝わる。

酒呑童子（→P30）の根城・大江山《おおえやま》は、現在では丹後《たんご》半島の大江連峰とされることが多いのですが、伝説が生まれた時代にはもっと都に近い大枝山《おおえやま》が鬼ケ城の在り処と考えられていたようです。

大枝山は京都市西《さい》京《きょう》区と亀岡《かめおか》市の境にあり、山の南側に位置する老ノ坂《おいのさか》峠には首塚《くびづか》大明神《だいみょうじん》という小社があります。その本殿の後ろにある土盛《つちもり》こそ、酒呑童子の首級が埋められた場所。今では、首より上部の病気に霊験《れいげん》あらたかとされ、参拝者を集めています。

史実と伝説と昔話の接点

鬼城山（総社市）

鬼ノ城遺跡

●岡山県

ＪＲ伯備線総社駅から車で約30分、下車後徒歩約10分

岡山自動車道岡山総社ＩＣから約20分、下車後徒歩約10分

鬼ノ城遺跡

標高約４００メートルの鬼城山の山頂一帯に築かれた古代朝鮮式の山城遺跡。土塁や石塁が約３キロメートルにわたって巡らされていた。現在は西門が実物大で復元されている。

鬼の差し上げ岩
鬼ノ城から約3キロメートル離れた岩屋集落にある巨石。岩のくぼみは温羅が持ち上げた時に付いたとか。

温羅旧跡の碑
鬼ノ城内に立てられている。

矢喰いの岩
岡山市北区高塚にある矢喰の宮内にある巨石。吉備津彦命の射た矢と温羅が投げた岩が喰らい合いながらここに落ちたという。

鬼の釜
総社市黒尾にある鉄の大釜。温羅が使ったという伝承がある。

日本人なら誰もが知る桃太郎の昔話。その鬼の元型とされる温羅《うら》（↓P26）の拠点だったというのが鬼ノ城《きのじょう》遺跡です。

伝説では、温羅の乱暴狼藉《ろうぜき》に苦しむ土地の人々を救うため、時の大王が吉備津彦命《きびつひこのみこと》を将にした討伐《とうばつ》隊を派遣したことになっていますが、実際には西国から朝廷に献納《けんのう》される物品を巡っての争いだった模様。

また、考古学的見地に立つと、鬼ノ城の建築は7世紀頃、唐・新羅《しらぎ》連合軍の侵攻を恐れた朝廷が、西日本各地に築いた古代山城のひとつではないかという説が有力で、そうなると吉備津彦命からは時代がぐっと下ることになります。史実と伝説と昔話が交錯する、ちょっと不思議な遺跡です。

妖怪をより身近に感じてほしい

全国妖怪名所リスト

全国各地にはたくさんの妖怪にまつわる名所旧跡が。ここでは、第2章に登場した妖怪たちの伝承地を中心に全14箇所紹介します。妖怪名所は歴史ある寺社や風光明媚《ふうこうめいび》な場所であることも多いので、観光にもうってつけ。伝承地まで足を運び、土地の空気に触れてみると、書物だけではわからない妖怪の息吹を感じられるでしょう。

東北地方

鬼神社

●青森県弘前市鬼沢字菖蒲沢

↓津軽の大人（P27）

大人を祀る神社。創建年代は不明。鬼の字は上部の「丶」がなく、神社に鎮座するのが角のない善鬼であることを示している。

黒塚

●福島県二本松市安達ケ原

↓安達原の鬼婆（P32）

二本松市安達ケ原の国道26号沿い、阿武隈川を渡る橋のたもとにある。近くの観世寺には鬼婆伝説にまつわる遺物などが展示されている。

関東地方

悪路王面形の彫刻

●茨城県東茨城郡城里町高久

↓悪路王（P26）

城里町にある鹿島神社にかつて悪路王の首級《しるし》のミイラがあったが、傷んだため、顔を模した木製の首を作ったという。拝殿の戸口上方に写真が掲げられている。

殺生石

●栃木県那須郡那須町

↓九尾の狐（P66）

退治された九尾の狐が姿を変えた石。長らく毒気を吐いていたが、南北朝時代に高徳の僧・玄翁和尚の一喝で三つに打ち砕かれ、一つだけがこの地に残ったという。

中部地方

鬼女紅葉の墓

●長野県長野市鬼無里

↓鬼女紅葉（P33）

松巌寺の境内にある小さな石塔。寺はその昔「鬼立山地蔵院」といい、紅葉の持仏である地蔵尊を祀っていたという。地蔵尊は現存するとか。

浄蓮の滝

●静岡県伊豆市湯ヶ島

↓女郎蜘蛛（P63）

落差25メートルほどもある滝の周囲は、溶岩流によってできた放射状の割れ目がある岩で覆われており、これが蜘蛛の巣に見立てられて女郎蜘蛛伝説が生まれたのかもしれない。

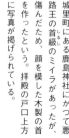

近畿地方

一条戻橋

●京都府京都市上京区堀川下之町

↓酒呑童子の配下（P31）

堀川に架かるこの橋には、源頼光四天王の一人渡辺綱が鬼女と行き遭ってその腕を斬った、陰陽師・安倍晴明が式神をこの橋の下に住まわせていたなど、いくつものあやしい伝説が残る。

学文路苅萱堂 人魚のミイラ

●和歌山県橋本市学文路西光寺

↓人魚（P62）

説経節「苅萱《かるかや》」などで有名な石童《いしどう》丸《まる》説話の主人公・石童丸の母である千里《せんり》御前《ごぜん》が肌身離さず持っていたという人魚のミイラがある。かつての民衆教化の様子を今に伝える貴重な文化財だ。

中国地方

稲生武太夫の碑

●広島県三次市三次町

↓稲生物怪録（P106）

江戸時代の妖怪譚『稲生物怪録《いのうもののけろく》』の舞台となった稲生平太郎《へいたろう》の屋敷跡に立つ碑。史上稀にみるお化け騒動のあった場所がこれほどはっきりと特定されているのも珍しい。

牛窓の島々

●岡山県瀬戸内市牛窓

↓牛鬼（P58）

牛窓には神功《じんぐう》皇后にまつわる牛鬼伝説が伝わる。瀬戸内海に浮かぶ黄島、前島、青島、黒島、中ノ小島、端ノ小島はバラバラになった牛鬼の体からできたという。

四国地方

白峯御陵

●香川県坂出市青海町

→崇徳院（P37）

憤死した崇徳院が葬られた御陵。その死から3年後に西行《さいぎょう》法師が現地を訪れ和歌を詠んだという故事を元に、江戸期の作家・上田《うえだ》秋成《あきなり》が「白峯《しらみね》」という怪談文学の傑作をものした。

吉良神社

●高知県高知市山ノ端町

↓七人ミサキ（P61）

若一王子宮の境内にある吉良神社の祭神・吉良親実《きらちかざね》は長宗我部《ちょうそかべ》元親《もとちか》の甥に当たるが、長宗我部家のお家騒動に巻き込まれた末に自害を命じられ、その恨みから殉死した家来とともに七人ミサキになった。

九州地方

河童渡来の碑

●熊本県八代市本町

↓九千坊（P47）

昭和二十九年に地元の人々が前川橋のたもとに建立した九千坊渡来の記念碑。碑の石材はガラッパ石と呼ばれるもので、河童と土地の人々の約束が込められている。

大石兵六夢物語像

●鹿児島県鹿児島市吉野町

↓大石兵六夢物語（P107）

この物語のユニークな点は、今でも事件があった跡地を辿れるところ。鹿児島市の観光サイトには物語の舞台と史跡を辿るコースが紹介されている。約2時間の散歩コースだ。

COLUMN

妖怪旅をする時は

妖怪ゆかりの土地を巡り歩く楽しさ、これはもうやってみないとわかりません。そして、やってみると癖になります。

妖怪旅では、一般的な観光なら行かないような場所が目的地になることもしばしば。それだけに、普通の旅とはちょっと違う注意が必要です。

まず、事前リサーチを欠かさないこと。写真１は新潟県上越市《じょうえつし》大《おお》潟《がた》区《く》雁子浜《かりこはま》の近くにある人魚塚ですが、現在は場所を示す看板もなにもなく、農道を入っていった先にある藪の中を、探検隊状態で分け入ったところにあります。ですが、妖怪史跡を目指す場合にはよくあることです。どんなところでも入っていける装備で向かいましょう。史跡が道端にある場合は車に気をつけて。夢中になって写真を撮っていたら交通妨害になっていた、なんてことになりかねません。公共交通機関で移動する場合は時刻表のチェックを忘れずに。目的地に向かうバスが朝夕２本しかない、なんてことはざらにあります。

また、史跡が常に公開されているとは限りません。時期が限られている場合、また立地が私有地などの理由で未公開の場合もあります。当然ながら私有地に無断で入ったり、閉まっているお堂を無理にこじ開けたりしたら、それは犯罪です。

そして、一番気をつけたいのはその場での振る舞い。こちらは妖怪史跡と思っていても、地元の方々は神様として大切にお守りされていることが往々にしてあります。あくまでも「拝観」という気持ちを忘れないでください。

こうしたことさえ守れば、妖怪史跡の探訪は最高の旅になることでしょう。

Bon Voyage!

写真１：動きやすい服装と悪路でも平気な靴は必須。

特に禁止でなくても場合によっては立ち入りを控えて。

お菊神社
（兵庫県姫路市十二所前町）
畏敬の念を以て接しましょう。

Story 4

妖怪を学ぶ

妖怪あるところに文化あり。
妖怪を学問的な視点から見てみると
また違った顔が見えてきます。
先人たちが妖怪を
どんなふうに「学んだ」のか。
ちょっとだけ紐解いてみましょう。

STUDY I

妖怪に学ぼう

あやしい世界と人間の素敵な関係

妖怪好きが増えています。小説や漫画、アニメの世界ではもともと妖怪人気が高く、子供たちには常に大人気でしたが、近頃では大人でも妖怪を趣味にする人が少なくありません。

特に、2010年前後から、博物館や美術館で、妖怪や怪談などの「あやしい世界」をテーマにした特別展が数多く開催されるようになり、開催者が驚くほどの盛況ぶりを見せています。

妖怪なんて子供騙《だま》しと思う人たちには、とても不思議な状況に見えることでしょう。

でも、妖怪が大人に人気なのは当然です。

妖怪には古来、日本人――いえ、全人類が愛してきた「あやしさ」と「珍奇《ちんき》」がギュッと詰まっているのですから。

妖怪は、人が世界に飽くなき好奇心を持ち、理解できない現象の謎を解きたい、自分とは異なる存在を理解したいと願ってきた精神の結晶ということができます。

身近な例を挙げてみましょう。

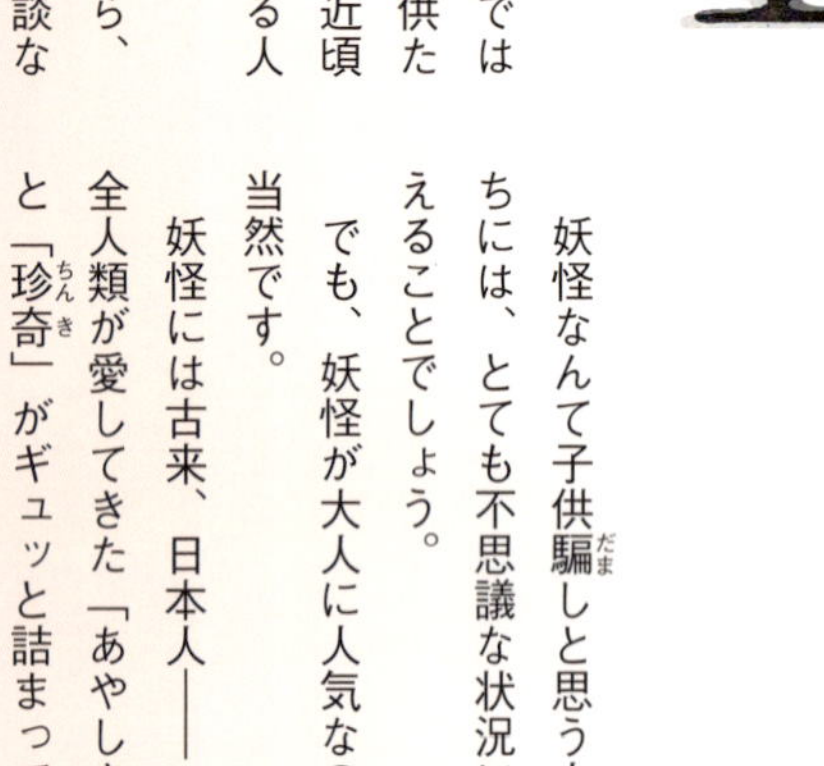

▲お菊／歌川広重
町田市立博物館所蔵

井戸からにゅっと飛び出て、割れた皿を差し出すのは怪談皿屋敷のお菊さん。驚いてひっくり返っている男は、江戸の瀬戸物修繕業者「焼き接ぎ屋」だろう。妖怪画からも、江戸庶民の生活の一コマが垣間見える。

『滑稽洒落狂画苑』より「茂林寺」

牧墨僊

▲国際日本文化研究センター所蔵

上州館林《たてばやし》・茂林寺《もりんじ》に住んだ化け狸・分福茶釜は、江戸時代には草双紙の人気キャラクターだった。寝ているお坊さんにちょっかいをかける狸の姿は、まるで一コマ漫画のようだ。

『木曽街道六十九次』のうち「追分」

一勇斎國芳

▲国際日本文化研究センター所蔵

街道筋の風景を描く浮世絵は江戸の人気商品だったが、木曽街道の宿場「追分」に四谷怪談のお岩さんが毒をもられ髪が抜け落ちる場面が描かれている。まったく関係ないはずなのになぜ？　と思いきや、お岩が毛を持っているから「お岩毛」で「追分」なのだとか。遊び心いっぱいの一枚だ。

お日様が照っているのに、雨が降ってきた。

こんな気象を体験しても、雨雲なしで雨が降ることを不思議と思わなければ、そこで終わりです。でも、「おかしい」と思った瞬間、それはあやしい出来事になります。そして、色々と考えた末に「人を化かす狐が嫁入り行列でもやっているんだろう」という結論に至ったことで、「狐の嫁入り」が生まれたのです。

言うまでもなくこの解釈は間違っていたわけですが、降雨のシステムが科学的に判明していなかった時代、この発想の豊かさこそ、感嘆に値するのだと思います。

また古代には、珍しい出来事は、吉凶を占う材料になりました。だから、ちょっとでもおかしなことがあったら、お役所に報告され、占断《せんだん》結果とともに書き残されました。そうした記録は、当時の人々が何を考え、何を求めていたかを知る格好の材料になります。

時には、歴史的な事件をほのめかす手段として、怪異妖怪が利用されました。暗号となった「妖怪」を読み解くこと。それはまるで古代人と知的ゲームを競うに等しいといえるでしょう。

妖怪が実在するかどうかは問題ではありません。いようがいまいが、人は妖怪という概念を共有し、世界理解の一助としてきました。

もし、今の世の中、再び妖怪に興味を持つ人が増えてきたのなら、それは健全な好奇心と探究心を以て世界に臨もうとする人が増えたことにほかなりません。それは、人間を学ぶことなのです。

博物学と妖怪

情報として集められた妖怪たち

博物学は、人類の歴史上最も古い学問のひとつです。

自然現象や地理、地域の住民や産物など、あらゆる情報を集めては整理分類する学問で、古代ギリシャや古代中国にその萌芽《ほうが》を見ることができます。

少なくとも三千年以上前に国家が成立し、文字が発明されていた中国大陸では、早くから自分たちの国、さらには周辺の土地に博物学的興味を抱いていました。

そして、紀元前3世紀頃には『山海経《せんがいきょう》』と呼ばれる地誌をまとめ上げます。

名の伝わっていない編者たちは、自分たちの領域を東西南北と中央の五地域に、そして異国を13のエリアに分け、それぞれの土地にある山や川、植物、動物、住んでいる人々などを、当時としては詳細に記録しました。

非常におもしろいのは、ここに現代の感覚では妖怪としか思えないような動物や人間（？）が含まれているという点です。

たとえば、現在の上海あたりを北限とする中国南部地域の情報が書かれた「南山経」には、青丘之

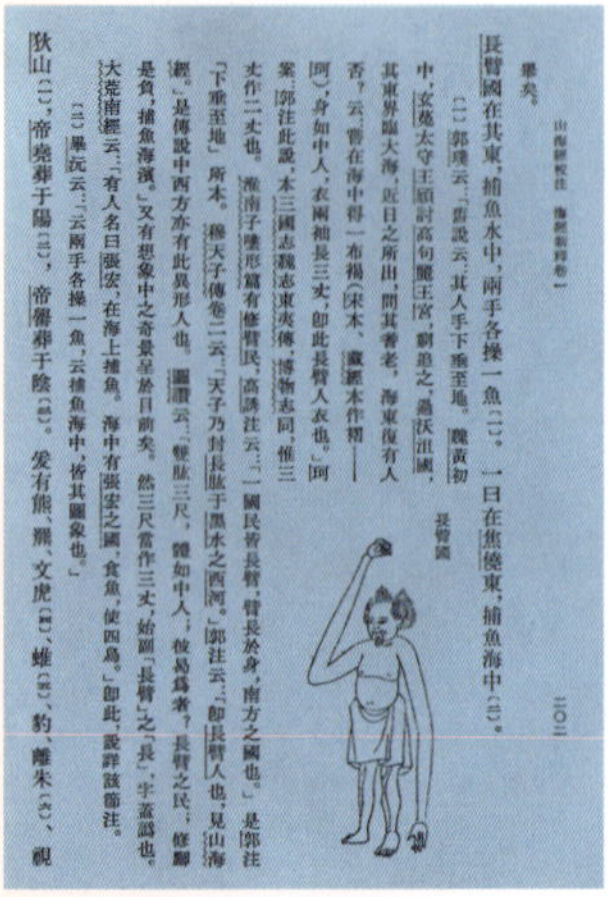
山海經校注　海外南經卷一　二〇二

畢矣。

長臂國在其東，捕魚水中，兩手各操一魚〔一〕。一曰在焦僥東，捕魚海中〔二〕。

〔一〕郭璞云：「舊說云，其人手下垂至地。魏黃初中，玄菟太守王頎討高句麗王宮，窮追之，過沃沮國，其東界臨大海，近日之所出，問其耆老，海東復有人否？云，嘗在海中得一布褐（宋本、藏經本作衲），身如中人，衣兩袖長三丈，即此長臂人衣也。」珂案：郭注此說，本三國志魏志東夷傳，博物志同，惟三丈作二丈也。淮南子墬形篇有修臂民，高誘注云：「一國民皆長臂，臂長於身，南方之國也。」是郭注「下垂至地」所本。穆天子傳卷二云：「天子乃封長肱于黑水之西河。」郭注云：「即長臂人也，見山海經。」是傳說中西方亦有此異形人也。圖讚云：「雙肱三尺，體如中人；彼曷為者？長臂之民；修腳是負，捕魚海濱。」又有想象中之奇景呈於目前矣。然三尺當作三丈，始副「長臂」之「長」，字蓋譌也。大荒南經云：「有人名曰張宏，在海上捕魚。海中有張宏之國，食魚，使四鳥。」即此，說詳該節注。

〔二〕畢沅云：「云兩手各操一魚，云捕魚海中，皆其圖象也。」

狄山〔一〕，帝堯葬于陽〔二〕，帝嚳葬于陰〔三〕。爰有熊、羆、文虎〔四〕、蜼〔五〕、豹、離朱〔六〕、視

［図1］『山海経校注』に描かれた長臂国人
日本の妖怪「手長」に姿も特徴もそっくり。

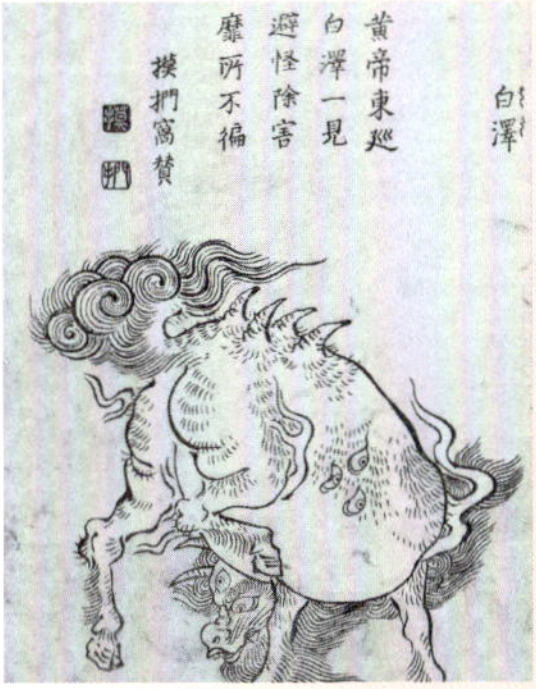

［図2］
『画図百鬼夜行』より「白澤」
▲川崎市市民ミュージアム所蔵
背と脇腹に左右八つの目がある神獣。森羅万象に通暁し、あらゆる妖異鬼神の知識を有するとされる。像や図画は病魔除けになった。

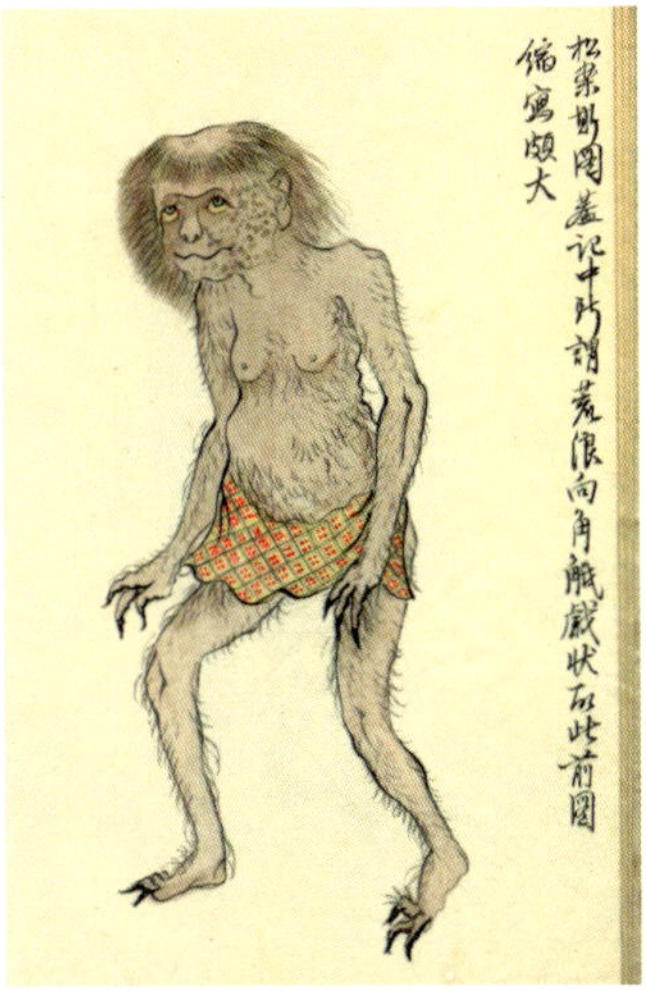

［図3］
稲垣寒翠『河伯俗話』より河童図
▲国際日本文化研究センター所蔵
稲垣寒翠は江戸時代後期の儒者。美作津山藩の藩士で、教育者でもあった。

山という場所に九尾の狐（→P66）がいたと記されています。

その姿は狐のようで九つの尾が生え、声は嬰児《えいじ》のようでよく人を食うのだとか。さらに、この狐を食べたら呪《まじな》いにかからなくなるという効能（？）まであるのです。

こうした情報に精通していたとされるのが神獣・白澤《はくたく》（図2）です。中国古代神話で賢帝と讃えられる黄帝《こうてい》に、あまねく妖異鬼神の害と、害を取り除く方法を教えたというのですから、博物学の神様のような存在といえるでしょう。

そして、ぐっと時代が下り、江戸時代の日本。

中国の古典に通暁《つうぎょう》していた一人の儒者《じゅしゃ》が、ある作業に手を着けました。彼の名は林羅山《はやしらざん》。徳川家康から家綱まで四代の将軍に侍講《じこう》として仕えた人物です。

羅山は「ふむふむ、姑獲鳥《こかくちょう》という鳥が彼《か》の国にはいるのか。う～ん、これは我が邦でいうところの産女《うぶめ》だな、たぶん」といった具合に、中国古典に登場する妖物と日本の化け物を結びつけていきました。

江戸期儒学の大権威だった人物からしてこれですから、日本の江戸期においては、本来怪力乱神を語らぬはずの儒者にも妖怪好きを隠さない者が少なくありませんでした。

図3の河童は、江戸時代後期の美作《みまさか》津山《つやま》藩藩士・稲垣寒翠《いながきかんすい》が書いた『河伯俗話《かはくぞくわ》』という書物にある図ですが、寒翠もまた儒者です。もちろん、彼らは妖怪を研究対象にしていたわけではありません。おそらく、博物学的な興味から情報を収集したのでしょう。一級の知識人さえ夢中にさせる力が、妖怪にはあるというわけです。

STUDY
III

民俗学と妖怪

妖怪から「日本民族の姿」を探す

日本各地を旅すると、文化施設の少ない小さな町村でも、民俗資料館やそれに類する施設があることに気づきます。館内に入ると、並べてあるのは古民具や地域のお祭りの写真や衣装小道具など。ちょっと充実した施設なら、お年寄りが語る民話を音声で聞けるコーナーがあったりしますが、「妖怪」展示コーナーがある施設はまず見かけません。

なのに、妖怪を勉強するなら民俗学、と考える人が少なくないのはなぜでしょうか。

それは、曲がりなりにも妖怪を視野に入れた学問は民俗学しかない、という状況が長らく続いていたからです。

そもそも民俗学とは、19世紀にイギリスで発祥した、自国民の日常生活や文化史を研究することで、自らの民族性を明らかにしようとする学問です。何やら古臭いイメージがつきまとう民俗学ですが、分野としての歴史は比較的浅いといえます。

これを日本に根づかせたのが、日本民俗学の父とされる柳田國男《やなぎたくにお》です。

柳田は東京帝国大学を卒業し、官僚の道に進んだエリートでしたが、怪談や妖怪譚が大好きという一面がありました。若い頃にはしばしば怪談会を開き、その中で『遠野物語《とおのものがたり》』誕生のきっかけになった遠野郷の住人・佐々木喜善《ささききぜん》とも出会いました。柳田國男のこうした嗜好があったからこそ、妖怪は民俗学の中で排除されることな

三重県大王町波切のわらじ流し神事

▲写真提供：松井仁徳

浜にやってきては狼藉を働く独眼独脚の大男・ダンダラ法師（→P10）を脅すために巨大な草鞋を作ったという伝説を元に、毎年巨大草鞋を海に流す神事が行われている。

青森県十三湖 虫送り神事

五穀豊穣と無病息災を祈る神事。文字通り害虫を村の外に追い出してしまうのが本来の目的だが、虫と怨霊思想とが結びついている地域もある。

く、取り入れられたのです。もっとも、民俗学者としての柳田國男が妖怪について言及し始めるのは晩年近くになってのことなのですが。

そして、柳田亡き後、民俗学ではあまり積極的に妖怪を取り上げなくなります。理由はいくつかあるのでしょうが、後続が柳田が定義した「妖怪とは古き神々が零落したもの」という結論以上を求めなかったことが大きかったのでしょう。長らく妖怪は民俗学的にはすでに解決済みの問題とされてきました。

しかし、1980年代になって、小松和彦《こまつかずひこ》が『憑霊信仰論《ひょうれいしんこうろん》』『異人《いじん》論《ろん》』などの従来になかった研究を発表。そして、「妖怪を研究するということは、妖怪を生み出した人間を研究するということにほかならない」との視点から、妖怪を文化現象として捉えた、学際的総合研究としての新しい「妖怪学」を提唱しました。

また、宮田登《みやたのぼる》は『妖怪の民俗学』で、妖怪は田舎の村落だけではなく、都市空間の中にも存在すること、そして妖怪とは人間と自然との相克の間に生まれることを明らかにし、妖怪研究に新たな道を開きました。

こうした経緯を経て、民俗学に端を発した妖怪研究は新たなステージを迎えたのです。

STUDY IV

歴史と妖怪

書かれなかった歴史の裏側を語る妖怪たち

歴史の授業で鬼の話を習った、という人は、おそらくいないと思います。

不思議なことに日本の歴史教育では、お化けの話は一切出てきません。

そんなの当たり前だろう、と思ったあなた。

では、日本の正式な歴史書とされる六国史《りっこくし》の中に、少なからぬ怪異が語られていることをご存知でしょうか。

たとえば、『日本書紀』巻第二十六にはこんな記事があります。

> 七月二十四日に斉明《さいめい》天皇が崩御された。
>
> 八月一日に、皇太子である中大《なかのおお》兄《え》皇子が、天皇の亡骸を磐瀬《いわせ》宮にお運びした。
>
> この夜に、朝倉山《あさくらやま》の上に鬼がいて、大きな笠を着て、喪《も》の行列を眺めていた。
>
> 人々は皆、鬼を見てあやしんだ。

なんとも不気味な話ではありませんか。記録には、これ以上の情報はありません。しかし、「天皇の喪の行列を、笠を被った鬼が山の上から眺めていた」という出来事をわざわざ残したことには、必ず意味があります。

正史は、ただ漫然《まんぜん》と起こった出来事を記録しているわけではありません。何を書き記すかについて、政治的な判断が作用します。では、この記事の裏にはどういう意図が隠されているのでしょうか。

実は、この鬼の話には前日譚のようなものがあります。それは斉明天皇が亡くなる2ヶ月ほど前のことです。

朝鮮半島への派兵の本拠地とす

妖怪が何を物語るのか考えてみよう

和漢百物語「貞信公」／月岡芳年
▲国際日本文化研究センター所蔵
貞信公とは平安時代初期の公卿・藤原忠平。内裏に出た鬼を一喝して引き下がらせたとの伝説がある。

鬼女紅葉（→P33）が隠れ住んだといわれる岩屋。都では鬼とされた女性が、追放先で慕われたという伝説の意味は？

愛媛県宇和島市にある和霊神社。悲運の忠臣・山家清兵衛はなぜ怨霊になったとと思われたのか。

るため、筑紫《つくし》（現在の福岡県）の朝倉宮を建てようとしたが、その際朝倉山の御神木《ごしんぼく》を伐って使ったため、神が怒って宮を壊してしまった。また宮中には鬼火《おにび》が出て、この祟りによって天皇の近習《きんじゅう》に多くの死者や病人が出た、というのです。

　読みようによっては、神の祟りによって天皇が亡くなったともとれる不祥事《ふしょうじ》です。妙に不自然な斉明天皇の死と、その前後のエピソードで、正史が何を語ろうとしていたのか。編者が怪異に託した当時の裏事情を読み取ることができれば、一見「ただの記録」も俄然《がぜん》おもしろくなります。

　また、歴史物語においても、妖怪は重要な小道具でした。

　文徳《もんとく》天皇から後一条《ごいちじょう》天皇までの14代176年間の歴史を描いた『大鏡《おおかがみ》』には、村上《むらかみ》天皇の時代に右大臣を務めた藤原師輔《ふじわらのもろすけ》が、あははの辻（現在の京都市二条大宮の辺り）で百鬼夜行に遭ったという話があります。この時、師輔は百鬼夜行の到来を察知しましたが、家来たちにはわかりませんでした。この逸話によって、『大鏡』の作者は、藤原道長《みちなが》の祖父である師輔がいかに傑出した人物であるかを伝えようとしたのでしょう。当然、その先に道長の比類なき栄華が待っているというわけです。

　妖怪好きも病膏肓《やまいこうこう》に入《い》ると、歴史の中から妖怪譚を見つけてきたくなるものですが、ただ単にエピソードを見つけて楽しむだけではなく、何を説明しようと採用されたのか、その背景を文字通り眼光紙背《しはい》に徹して推理してみると、より楽しさが広がります。

STUDY V

古典と妖怪

先人たちが妖怪を通して描こうとしたこと

古典文学や古典芸能と怪異／妖怪／物の怪には、切っても切り離せない関係があります。

古典文学の物の怪でまず思い出されるのは、『源氏物語《げんじものがたり》』に登場する六条御息所《ろくじょうのみやすどころ》でしょうか。六条御息所は皇太子の未亡人という高貴な女性でありながらも恋の嫉妬を抑えきれず、生霊や死霊となって主人公の光源氏《ひかるげんじ》を苦しめます。その登場シーンの描写は背筋も凍る迫力ですので、ぜひ原文で読んでみてください。

物語以外でも、大江匡房《おおえのまさふさ》の説話集『江談抄《こうだんしょう》』には、小野篁《おののたかむら》が百鬼夜行を呼び出した話があるなど、平安時代の貴族にとって物の怪は決して絵空事ではなかったのでしょう。最大の説話集である『今昔物語集《こんじゃくものがたりしゅう》』になると、怪異怪談話はそれこそ山のように出てきます。『平家物語《へいけものがたり》』や『太平記《たいへいき》』などの軍記物語も例外ではありません。古代から中世にかけて、物の怪や怪異抜きでは物語は語れなかったというわけです。

室町時代に成立した芸能である能は、こうした物語群に素材を求めましたので、死者の霊や物の怪たちが当たり前のように登場します。特に五番目物と呼ばれる種類の能は妖怪ネタの宝庫です。ざっとあげるだけでも、「鵺《ぬえ》」（↓P71）では源頼政に討たれた鵺が「我が死骸の扱いがひどい」と愚痴《ぐち》りますし、「土蜘蛛《つちぐも》」は源頼光《みなもとのらいこう》が土蜘

江戸時代の妖怪退治譚「稲生物怪録」は後に講談になり、明治以降には速記本として出版された。

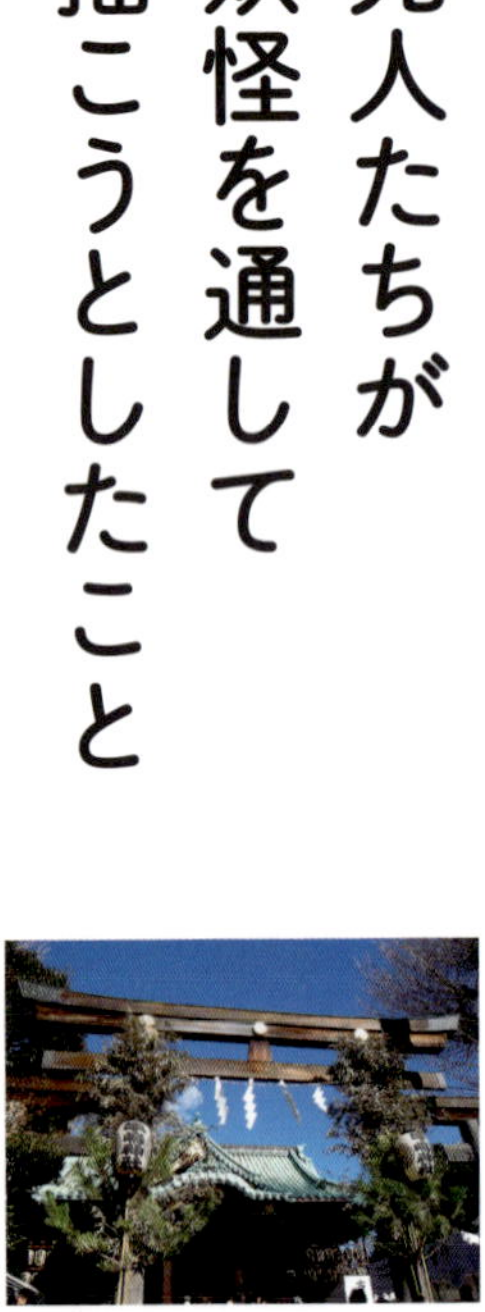
墨田区にある牛嶋神社。祭神は牛頭天王（＝素盞嗚尊）なので、牛の名がついたとされる。また、建長年間には、浅草川から飛び出した牛鬼のような異形がこの社に飛び入り、忽然として姿を消したという謎の事件が起こったと記されている。

「牛御前と吉田松若」
▲福岡市博物館所蔵
ろくろ首の妖怪絵のようだが、実は歌舞伎役者の尾上菊五郎を描いた役者絵。牛御前も吉田松若も東京の隅田川に縁が深く、「隅田川物」とカテゴライズされる歌舞伎の演目を描いた一枚と思われる。ちなみに、牛御前は酒呑童子（→P30）を退治した源頼光の妹ということになっており、死後牛嶋神社に祀られたという伝説がある。

蛛と戦う場面が元祖特撮映画かという派手派手しさ、「鞍馬天狗《くらまてんぐ》」（→P38）では心優しい紗那王《しゃなおう》（後の源義経《よしつね》）の振る舞いに感動する天狗の人のよさについほっこり、など、能は難しく退屈、というイメージを覆す楽しさがあります。

また、同じく室町期に、説話文学の流れを汲んで生まれた御伽草《おとぎぞう》子《し》と呼ばれる物語の一群にも、妖怪は数多く登場します。

江戸期に入ると、草双紙《くさぞうし》や黄表《きびょう》紙《し》と呼ばれる、挿絵がたくさん入った小説集が数多く出版され、そこでも妖怪たちは大活躍。ストーリー重視の読本《よみほん》の世界では、上田《うえだ》秋成《あきなり》が『雨月物語《うげつものがたり》』などの優れた怪談文学を世に送りました。怨霊となった崇徳院《すとくいん》（→P37）と西《さい》行《ぎょう》の対話を描く「白峯」や温羅（→P26）ゆかりの吉備津神社にまつわる惨劇「吉備津の釜」あたりは必読です。

一方、各地で綺談怪談が集められ、書物化されたことは特筆に値します。

江戸南町奉行を務めた旗本・根《ね》岸鎮衛《ぎししずもり》の『耳嚢《みみぶくろ》』には、江戸市中で噂になった怪異譚や怪事件がたくさん収録されており、資料性とともに怪談実話集として楽しむことができる娯楽性が魅力です。

また、江戸時代中期の備後《びんご》三次《みよし》藩（現広島県三次市）で起きた妖怪騒ぎをまとめた『稲生物怪録《いのうもののけろく》』や、世情を風刺した郷土文学としての評価も高い化け狐退治譚『大《おお》石兵六夢物語《いしひょうろくゆめものがたり》』などもチェックしておくべき作品です。

江戸庶民最大の娯楽だった人形浄瑠璃や歌舞伎では、妖怪が大仕掛で登場する演目が人気を博しました。

『義経千本桜《よしつねせんぼんざくら》』は平家一門滅亡の後日談を虚実取り混ぜ芝居にしたものですが、四段目の「川連法《かわつらほう》眼館《げんやかた》の場」では佐藤忠信《さとうただのぶ》に化けた源九郎狐《げんくろうぎつね》が登場します。どんでん返しを多用して化け狐の神出鬼没ぶりを見せる演出は今でも大人気。よく上演されるので、妖怪好きにはおすすめです。

ここで紹介できた古典妖怪文学／芸能はごくごく一部です。砂山の砂を指先でつまんだ程度にしか過ぎません。

先人たちは、妖怪にこの世の不条理を体現させたり、お化けの滑稽《こっけい》さを利用して風刺としたり、時には教訓の種にすることで、人間社会の諸相《しょそう》を表してきました。過去からの遺産は一生かかっても読み切れない、そして観きれないほどありますが、妖怪を頼りに選んでいけば、自分なりに筋の通った選択ができるかもしれません。

STUDY

VI

宗教と妖怪

宗教、それはお化けのゆりかご

神社やお寺につきものの縁起《えんぎ》や伝説には、お化けが登場するものが少なくありません。また、幽霊の遺品や幽霊画を所蔵するお寺もあって、毎年お盆時期に公開されていたりします。私たちは、こうした状況をごく当たり前に思っていますが、よくよく考えると変なのです。本来、寺社は神様や仏様という聖なるものをお祀りする場所なのですから、お化けなんて走って逃げ出しそうなものではありませんか。ところが、現実には寺社とお化けはとても親しい様子。

この背景には、宗教者が布教、もしくは権威付けの方便として、妖怪を使っていた歴史があります。

6世紀に伝わった仏教は、在来の神祇《じんぎ》信仰と混ざり合いながら、日本の信仰の中心的な位置を占めるようになりました。そして、担い手たる僧侶たちは、主に教義研究や支配階級への加持祈禱《かじきとう》を受け持つ高位の僧と、民衆への教化や呪《まじな》いを行う下位の僧に分かれていきます。平安時代初期に書かれた説話集『日本霊異記』は、怪異や奇跡の宝庫ですが、これを書いたのは半僧半俗の私度僧《しどそう》（国家の認定を受けていない僧侶）である景《けい》

秋葉権現図
▲国際日本文化研究センター所蔵

道成寺に残る安珍が隠れた鐘楼跡。道成寺とその周辺には安珍清姫伝説にまつわる旧跡が多数残っている。

亡女の片袖

▲画像提供：大念佛寺

融通念仏宗の大本山である大念仏寺に伝わる亡女の片袖。毎年お盆の頃、幽霊画などとともに公開されている。

戒《かい》であり、当時すでに下位の僧が布教の手段として怪異譚や奇談《きだん》を用いていたことがわかります。平安時代末期には、下位の僧は聖《ひじり》と呼ばれるようになり、自らが属する宗派の教えの布教や、仏像や寺の修繕《しゅうぜん》といった事業への喜捨《きしゃ》を求めて全国を遊行《ゆぎょう》するようになりました。その際、彼らは庶民の興味を惹くため、様々な因縁話《いんねんばなし》を用いたのです。

旅の僧・安珍《あんちん》への恋に狂った少女・清姫《きよひめ》が蛇に化身する物語である安珍清姫伝説は、和歌山県の道《どう》成寺《じょうじ》において法華経《ほけきょう》の功徳《くどく》を説く手段として用いられていました。

融通念仏宗《ゆうづうねんぶつしゅう》の大本山である大念《だいねん》佛寺《ぶつじ》には、成仏できない女が大念佛寺での供養を願って旅人に伝言を託し、言葉が真実であることを証明するために生前着ていた小袖《こそで》の片袖を渡したという伝説が残っており、証拠の片袖は今も寺宝として伝わっています。

また、密教と、その影響下に発展した修験道《しゅげんどう》は、天狗のイメージ形成に決定的な役割を果たしました。武将たちに大人気だった飯綱権現《いづなごんげん》や、火防の霊験で知られる秋葉権現はどう見ても烏天狗ですが、仏神である荼枳尼天《だきにてん》への信仰と混じったため、尊像は狐の背中に乗る姿で表されます。天狗信仰を全国に広げたのも、やはり下級僧である修験者でした。彼らが己の霊力の高さを誇示するために、行く先々で山海の怪を語り、妖怪譚を各地に伝播《でんぱ》する役割を担ったであろうことは想像に難くありません。

江戸時代にも、怪異譚は信者獲得と権威付けの方便として用いられましたが、やがて宗教的文脈から独り立ちし、物語として人々に愛好されるようになります。

左の「盆の十六日」というタイトルの絵を見てください。これは幕末の浮世絵師・牧墨僊《まきぼくせん》が描いた地獄絵ですが、お供えを巡って閻魔と地蔵が睨み合うなど、もはや宗教的な匂いはほとんどなく、単なる滑稽画になっています。昔の人も、別に頭から宗教の全てを信じていたわけではなさそうです。

「盆の十六日」より地獄図

▲国際日本文化研究センター所蔵

地獄は恐ろしいところ、のはずが……。

COLUMN

自分の町で妖怪を探そう

日本物怪観光　天野行雄

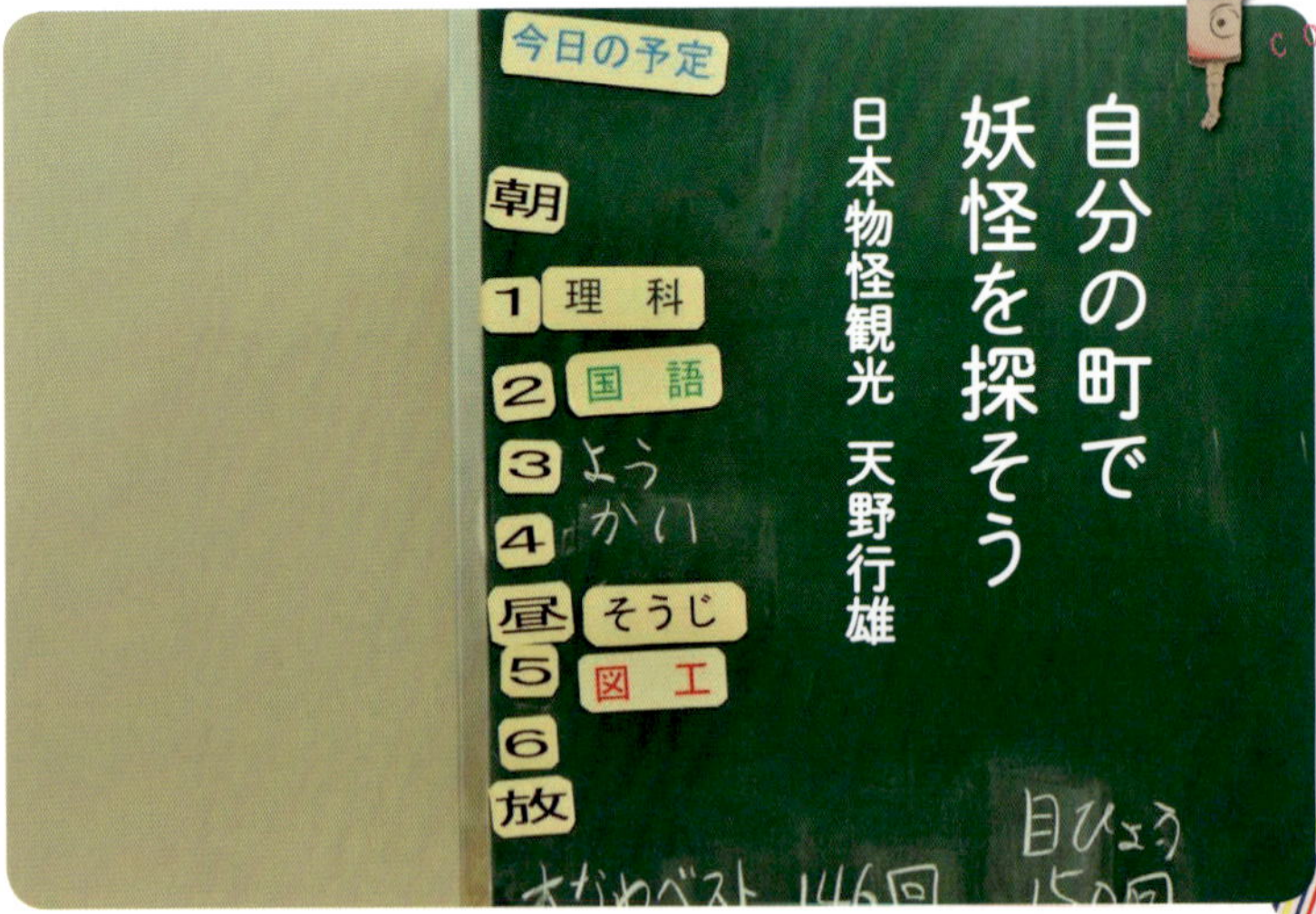

人の営《いとな》みがある場所に妖怪はいます。
もちろん私たちが暮らしている町にも。

その地域で発行されている民俗資料などを、よ～く探してみると、ひとつやふたつは怪しい話が出てきます。

詳しい場所の記録が載っていれば、古地図などから現在地を割り出して、その付近を調べてみます。運が良ければその痕跡となる石碑や樹木などが残っていることもあります。

いつもとは違うアプローチで町を散策すると、住み慣れた町の違った風景が見えてくるはずです。

最近、東京都荒川区の一部の小中学校では、地元に伝わる妖怪伝承をきっかけに、地域について学ぶ授業が行われています。

地域の民俗資料や、地元の人から聞いたお話を紹介したり、地図を片手に町歩きしたりしています。

また、妖怪について、より想像力を膨らませてもらう試みとして、地元に伝わる古民具や、その地域に棲息《せいそく》する生き物のパーツなどをコラージュして、オリジナル妖怪を考えたりもしています。

ある中学校では巨大な隅田川の主を、伝承されている大きさで再現したりもしました。

妖怪は、何も特別な地域だけにいるものではないのです。あなたの町に潜む妖怪を探してみてはいかがですか？

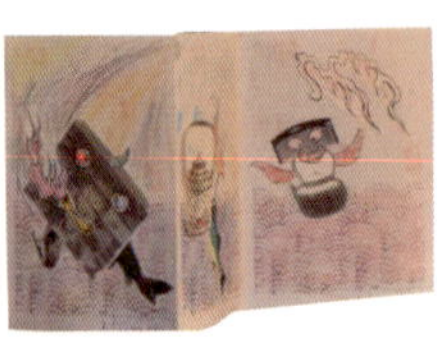

妖怪と遊ぶ

Story 5

イマジネーションを
刺激してくれる妖怪たち。
民芸品の世界でも、
現代アートの世界でも
ひっぱりだこです。
もちろん、文芸の世界でも。
妖怪に創作欲を刺激された
作家たちの作品を集めてみました。

妖怪民芸品

所蔵　日本物怪観光　天野行雄

東日本篇

民芸品や郷土玩具の世界でも
妖怪たちは大活躍です。
あたたか味のある手触り、
素朴だけど完成されたフォルム。
作り手の心がこもったお化けたちに、
心癒されるひと時をお過ごしください。

赤くてなが〜いなが〜い舌

ベロ長

はそべ工房●福島県

→みずらに結った髪がちょっと古代風です。

白い歯がチャームポイント

山彦

みちかた民芸工房●山梨県

→水木しげるが「こだま」画のお手本にしたという秀逸な造形です。

「おばけ」という名のお化け

モモンジー

みちかた民芸工房●山梨県

→モモンジーとは山梨県などで妖怪を指す子供言葉。つまり、The おばけ。

毒をもって毒を制す？

まよけ人形

詳細不明

→ギザギザの歯と尖った目が怖いけど、魔除けです。

落語でも有名なお稲荷さま

王子の狐

王子稲荷神社授与品●東京都

←関東稲荷総社という格式ある神社のかわいいお狐さまです。

あ〜した天気にしておくれ

日和坊（ひよりんぼう）

みちかた民芸工房●山梨県

↑その昔、雨を止めたい時にお祀りした神だそうです。

きゅうりはいかが？

昔の今戸焼人形がいまどき人形に

娘河童

吉田義和●東京都

↑最後の今戸焼人形師尾張屋・金澤春吉の創作人形の復刻版です。

しばらく、し〜ば〜ら〜く〜！

歌舞伎のヒーローが狐に

暫狐（しばらくきつね）

王子稲荷神社授与品●東京都

←童形のヒーロー・鎌倉権五郎とお狐さまのダブルパワー！

妖怪民芸品

所蔵　日本物怪観光　天野行雄

西日本篇

記紀神話ゆかりの地が
たくさんある西日本では、
伝説や神事にちなんだ
民芸品があります。
また江戸時代からずっと
お土産の定番品だったものも。
カラフルで、ゆかいな仕掛けが
たっぷりの手作り玩具に、
大人も子供ももう夢中です。

お皿のような目が一つ

一本ダタラ

詳細不明

→本当にいたら怖いけど、玩具だとちょっと可愛いくないですか？

昔はお土産の定番でした

大津絵

四代目　高橋松山●滋賀県

→東海道の大津宿を訪れた旅人が土産物や護符として求めました。

天狗なの？河童なの？

シバテン

土佐民芸社●高知県

→名前は芝天狗だけど、お顔は河童系。夏は猿猴になるそうです。

胡瓜もいいけど西瓜もね！

ガラッパの西瓜食らい

鹿島たかし●鹿児島県

↑背中の紐をひっぱるとガラッパが西瓜を食べるからくり玩具です。

ろくろ首もお面好き

ぬけ首の面かぶり

鹿島たかし●鹿児島県

↑こちらもからくり玩具。お面を着けたいのに首が伸びてしまいます。

真っ赤な顔は酒好きの証

猩々（しょうじょう）

柳屋●鳥取県

↑麒麟獅子舞を先導する酒好きの妖怪。身軽さが身上です。

威風堂々とは私のこと

きりん獅子舞

柳屋●鳥取県

←因幡地方には瑞獣・麒麟が頭という珍しい獅子舞が。

食べ物の名前じゃないよ

スイトン

山陰物産●鳥取県

→スイーと現れトンと立つからスイトン。悪人をバリバリ食べてしまいます。

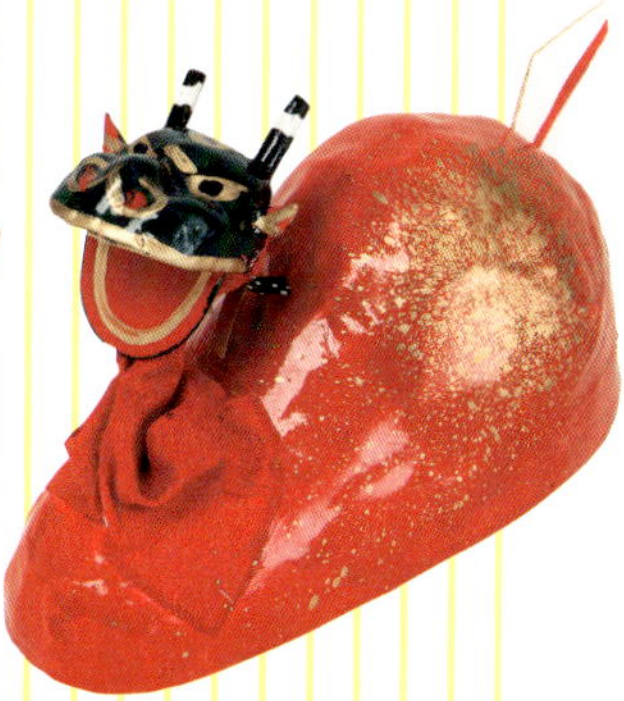

災い転じて福となす

牛鬼

よしを民芸店●愛媛県

↑宇和島牛鬼祭りの山車がモデル。厄除け効果絶大、かも。

「兵六餅」の兵六です

兵六の首人形

鹿島たかし●鹿児島県

←江戸時代に書かれた滑稽な妖怪譚「大石兵六夢物語」の主人公。物語では体はちゃんとあります。

化ける前、化けた後

しょろしょろ狐とおとん女郎

柳屋●鳥取県

→美人のおとん女郎に化けては男を騙したしょろしょろ狐。最後には懲らしめられました。

御札になった妖怪たち

所蔵　日本物怪観光　天野行雄

妖怪には神様のお使い、またずばり神様そのものとして祀られているものがいて、御利益あらたかな御札にもなっています。一枚は持っておきたい御札の数々を集めてみました。

河童大明神のお寺

曹源寺（東京都）

御利益★商売繁昌、火水難除

→現在の合羽橋《かっぱばし》道具街通り付近で、江戸時代に行われた治水工事を手伝ったのが隅田川の河童たちでした。なんでも施工主である合羽屋喜八《かっぱやきはち》への恩返しだったとか。現場で働く河童を目撃した者は、以後不思議と商売が繁盛したとい い、ゆえに河童大明神として祀られています。

お狸様のお堂

浅草寺鎮護堂（東京都）

御利益★火防、盗難除

↓明治維新の際、上野の山での戦から逃げてきた狸たちが浅草奥山に住み着き、乱暴狼藉を働くので困っていたところ、当時の住職唯我韶舜《ゆいがおんしゅん》僧正の夢枕に狸が立ち、お祀りしてくれれば伝法院《でんぽういん》を火災から守りましょうと告げたことから、明治十六年（1883）に「鎮護大使者」として鎮座することになりました。

鎮守さまは天狗さま

半僧坊（神奈川県）

御利益★火防、厄除

↑静岡にある方広寺《ほうこうじ》の開基無《む》文元選《もんがんせん》禅師の弟子となった天狗が、禅師の死後、寺の加護を誓って姿を消したことから、奥山半僧坊大権現《はんぞうぼうだいごんげん》として祀りました。それが鎌倉の建長寺に勧請されたのは明治二十三年（1890）。方広寺で山火事があった際、禅師の墓と半僧坊だけが焼け残り、神威が広く知られるようになったのだそうです。

神様はニホンオオカミ

武蔵御嶽神社（東京都）

御利益★盗難除、魔除

→日本武尊《やまとたけるのみこと》東征の折、武蔵御嶽山《むさしみたけさん》に至った際に深山の邪神が大きな白鹿と化して道を塞ぎました。なんとか退治はしたものの、濃霧が立ち込め道を見失います。そこに現れ、道案内したのが白狼でした。無事、窮地を脱した尊は、白狼を大口真《おおくちま》神《がみ》と名付け、これからも魔物退治に力を尽くせと命じたそうです。

中国からやって来た？謎の雷神

山梨岡神社（山梨県）

御利益★雷除、魔除

→山梨岡神社《やまなしおかじんじゃ》に祀られている一本足の奇妙な神像。それは古代中国の地理書『山海経』に出てくる夔《き》という神だといいます。この神が神社で祀られている例は他になく、鎮座の経緯も全く不明という謎の神ですが、雷除けに御利益ありということで、江戸時代には大奥へも神札をお納めしていたとか。

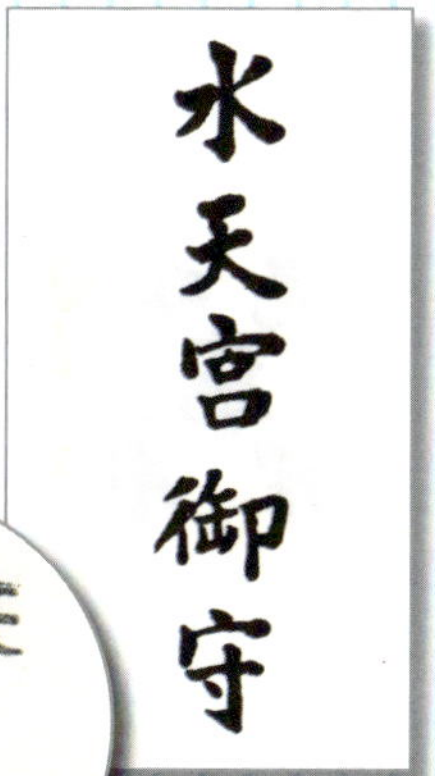

九千坊が仕えるお宮

水天宮（福岡県）

御利益★水難除、子授、安産

→河童の九千坊が筑後川に住む条件として仕えることになった水天宮の御札には、「いつもじ」と呼ばれる不思議な文字が書かれています。この意味や来歴などは歴代宮司に口伝されるのみで一切明かされていません。この文字を水と一緒に飲むと御利益があるといいます。

妖怪を形にする現代の造形作家たち

妖怪をモチーフにした作品を発表する造形作家がどんどん増えています。中には商品として発売されているものも。生活を潤す妖怪たちです。

張り子
（琵琶《びわ》牧々《ぼくぼく》）
作●齋藤行雄
←琵琶の付喪神、踊ります。

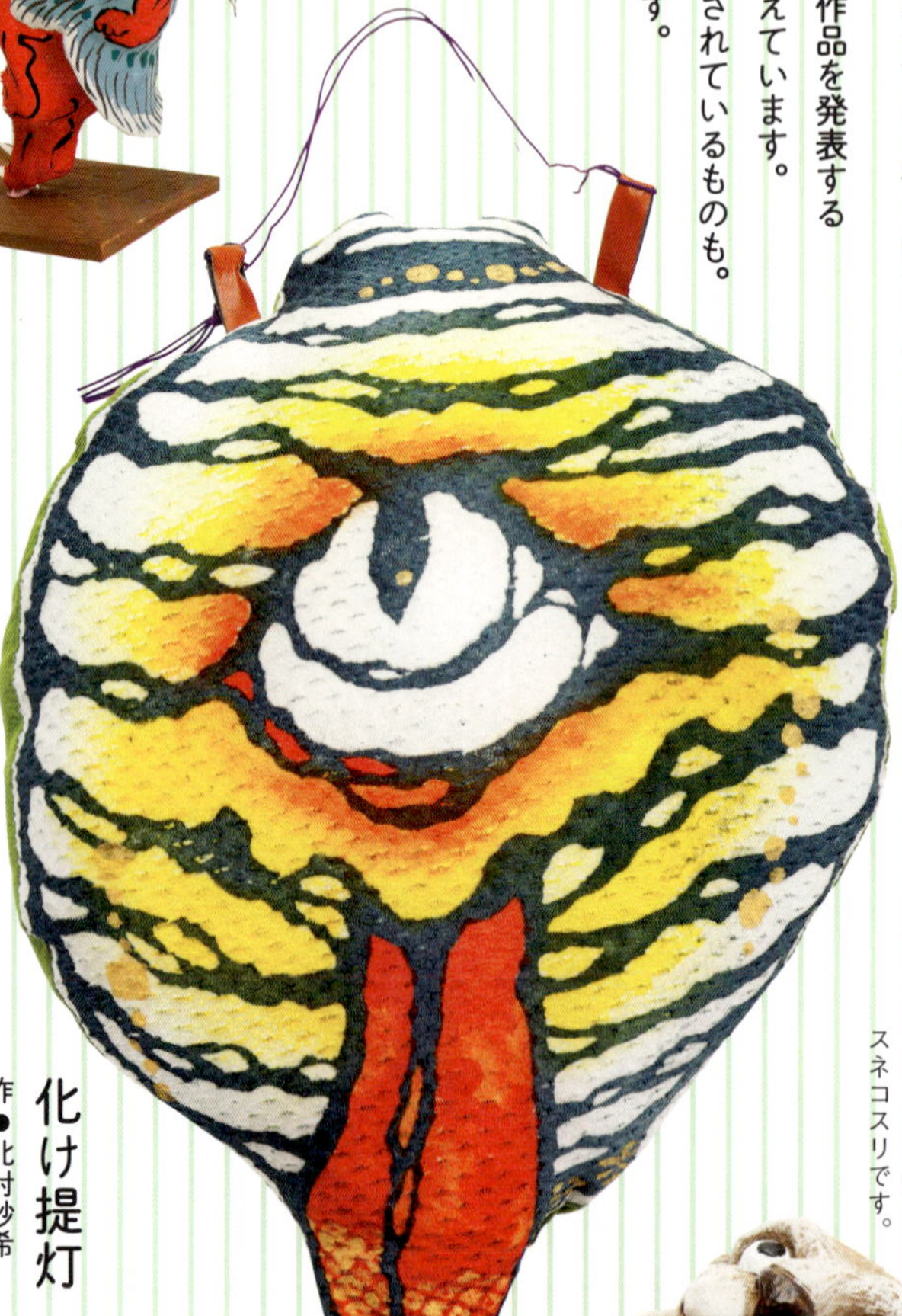

化け提灯
作●北村紗希
→七色に発光するモフモフの化け提灯です。

起き上がりスネコスリ
作●日本物怪観光　天野行雄
↓ゆらゆら揺れるスネコスリです。

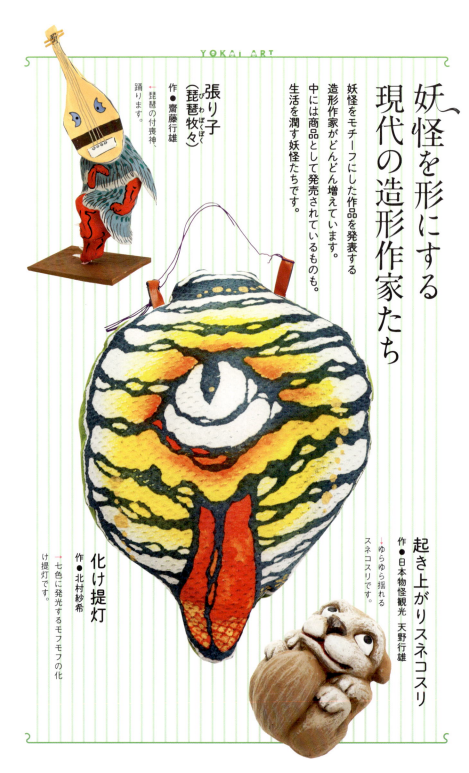

本所七不思議／怪談ぐい呑み

→↓本所七不思議をモチーフにしたガラスのぐい呑みです。

→波津彬子・作「狸囃子」

←参加作家：金井田英津子、山下昇平、波津彬子、金子富之、北葛飾狸狐、天野行雄、北村紗希、京極夏彦、伊藤三巳華

問合先：松徳硝子株式会社　tel.03-3625-3511

http://www.stglass.co.jp

鬼の立像

作●北葛飾狸狐

→四色の鬼たちが大騒ぎ。像高約50センチメートルです。

お化けカード（一つ目小僧）

作●日本物怪観光　天野行雄

http://www.mononokekanko.com

↑ポストカードですが、切って組んで遊べます。

東雅夫が
推奨する

妖怪文芸ブックガイド

ここに並んでいるのは、
どれも妖怪が
登場する本ばかり。
楽しいお話、怖いお話、
ちょっと悲しい
お話もあります。
お気に入りの一冊を
見つけてみてください。

子供にも大人にも大人気！

京極夏彦『妖怪えほん』全5巻

岩崎書店

妖怪小説というジャンルを確立した作者が、愛してやまない「妖怪」の真髄を、子供たちに伝えるため執筆した絵本シリーズ。うぶめ、つくもがみ、あずきとぎ、とうふこぞう、ことりぞ……なかでも石黒亜矢子が描く豆腐小僧の愛らしさとアホらしさは無類だ。喜怒哀楽さまざまに妖怪を体感できる至福の入門書。

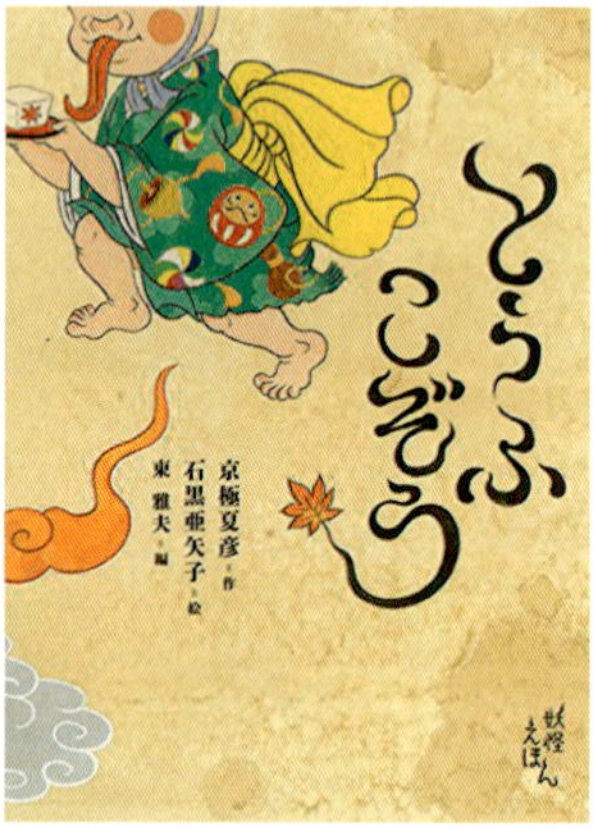

恒川光太郎『夜市』

角川ホラー文庫

異形の妖怪たちが物品を商う奇怪な「夜市」。古き神々やモノノケが往来する「風の古道」。この世に隣接して密やかに存在する異界へと迷い込んだ少年たちが体験する驚異と戦慄の旅を、作者は瑞々しい文体で描いて、清新な感動を与えた。妖怪文芸のニューウェイヴ到来を感じさせたデビュー作品集。

迷宮のような
異世界へ

静かで優しい
異界譚

梨木香歩『家守綺譚』

新潮文庫

世を離れ独居する文人墨客のもとへ、人とも人ならざるともつかぬモノどもが去来しては、妖しい事どもをカタリ（語り／騙り）聞かせる……これぞ「モノガタリ」の元型というべき設定下に繰りひろげられる連作綺譚集。動植物の異類と人との悠揚迫らざる交感を、たおやかな筆致で活写した名品である。

流麗な言霊の海に
酔いしれて

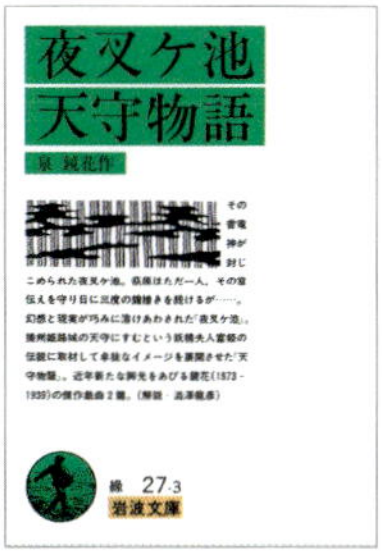

泉鏡花
『夜叉ケ池・天守物語』

岩波文庫

みずから「おばけずき」を宣言し、妖怪変化が跳梁する物語を生涯にわたり書き続けた作者は、史上最大の妖怪文豪と呼ぶにふさわしい。本書には、その中でも最高傑作と目される戯曲2篇を収録。妖怪至上主義を謳歌する荘重華麗な台詞の数々に圧倒される。坂東玉三郎主演の舞台でも、おなじみだろう。

芥川賞作家の
妖しい短篇集

藤野可織
『おはなしして子ちゃん』

講談社

「猿です」「鮭です」「いいえ人魚です」──人工的に生み出された人魚の剝製がたどる数奇な有為転変を描く傑作「アイデンティティ」や、ホルマリン漬けの子猿と少女の哀切な交流を綴る表題作ほか、人と異類との交わりをグロテスクかつ愛すべき奇想とともに追求した短篇集。これぞ妖怪文芸の最尖端!?

奇想光る
妖怪小説の新星

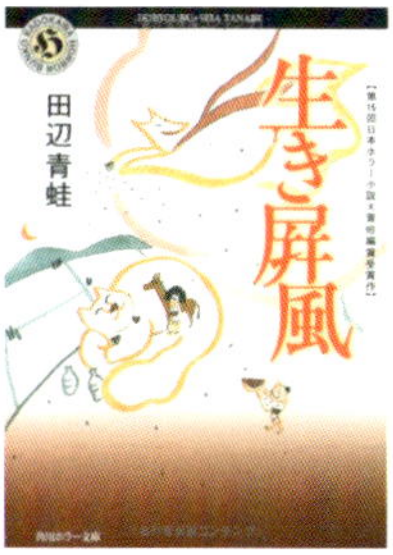

田辺青蛙
『生き屏風』

角川ホラー文庫

実は妖怪文芸の隠れた宝庫である日本ホラー小説大賞入選作から、もう一冊。夜ごと馬の首の中で眠る、娘の姿をした小鬼・皐月を主人公とする連作集だ。艶っぽい狐妖や可憐な花の精と人間たちとが、絶妙な距離感で共存するジャパネスクな村里で繰りひろげられる、おもろうて、やがてかなしき物語の数々。

この三冊があれば安心です

東雅夫編
『妖怪文藝』
全３巻

小学館文庫

能狂言や歌舞伎、落語、講談などの古典芸能から、近現代の文豪たちが手がけた小説、随筆、詩歌、さらには妖怪漫画の巨匠・水木しげるが遺した幻の妖怪小説「ノツゴ」に至るまで……日本文学史を彩る妖怪文芸の名作佳品５３篇を全３巻に集大成した空前絶後のアンソロジー。天野行雄の装画も愉しさ満点。

妖怪図鑑の先覚者・本山桂川

東雅夫

いま私の手元に一冊の和装本がある。くすんだ水色の表紙に貼られた題簽《だいせん》には『怪奇伝承図誌』という書名だけが墨書《ぼくしょ》されている。

表紙をめくると、すぐに序文。これも明らかに手書きだ。

「聖人は夢を語らず乱神怪奇を説かずというが、わが大和民族の大衆は古来その意識においても想像においても、怪妖変化の存立《そんりつ》を信じ且《か》つこれに向って畏《おそ》れ慎《つつし》んで来た。蓋《けだ》しその根元は遠く斯邦民族の原始信仰に由来するものの如くである。ここに伝承怪奇若干を描出《びょうしゅつ》する所以《ゆえん》も亦《また》その根元に目標を定め、それらの脈絡を一瞥《いちべつ》しようとするに外《ほか》ならず。徒《いたず》らに鬼面を以て婦女子を嚇《おどろか》さんと企むものではないのである。

昭和十九年秋　本山桂川」

巻末に奥付はなく、「東亜民俗研究所撰　不許複製」とのみ記されている。

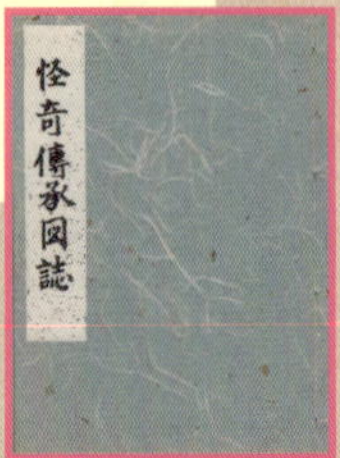

本山桂川といっても、遺憾ながら現在では、それと思いあたる向きは少ないかも知れない。戦後、桂川が全精力をそそぎ、今は三女の本山ちゑさんが継承されている金石文化《きんせき》（鼎《かなえ》、梵鐘、仏像、石碑などの金石に刻された文字や文章）研究の業績はともかく、桂川が黎明期《れいめいき》の民俗学に少なからぬ貢献をなしたことは、不当に閑《かん》却《きゃく》されて久しいのだ。

けれども南方熊楠《みなかたくまぐす》や佐々木喜善に関心を寄せる方ならば、「土の鈴」や〈閑話叢書《かんわそうしょ》〉といった誌名叢書名を御記憶かも知れない。熊楠の『南方閑話《かんわ》』や、喜善の遺作集『農民俚譚《のうみんりたん》』を編纂《へんさん》刊行した人物こそ、桂川だったのである。

1920年に郷土研究雑誌の草分けのひとつ「土の鈴」を、28年には「民俗研究」を発刊、以後も民俗学関係の雑誌や叢書を精力的に編纂刊行し、みずからも『長崎丸山噺』(26)『与那国島図誌』(27)『史譚と民俗』(34)などを著わす。とりわけ『人獣秘譚』(30)は、本格的な異類婚研究書として藤澤衛彦《ふじさわもりひこ》『妖婚譚』に先駆する奇書である。

桂川は画才にも優れ、滋味掬《きく》すべき筆致で民俗資料を丹念に描き留めては自装本を作成していた。『怪奇伝承図誌』も、そのひとつで、他に『民俗人形図誌』『東京俗信図誌』など多数がある。

本書は、河童、牛鬼、人魚、天狗、雷獣……古文献に見える名高い妖怪図の模写なのだが、とぼけた表情や躍動感のある姿態には、原典を超えたオリジナリティが揺曳《ようえい》していることに驚かされる。

本書が作成された翌45年、桂川は戦災により、多年にわたり蒐集した民俗資料すべてを、居宅もろとも焼失することになった。

その予感が、桂川にあったのか否か……。ともあれ、戦火いやましに募《つの》るなか肉筆彩色による妖怪図鑑というべき奇書の製作に没頭した「おばけずき」の先達・本山桂川の再評価は、今ようやく、その緒に就いたばかりなのである。

（執筆にあたり、小泉みち子「本山桂川　その生涯と書誌」を参照しました。記して感謝致します）

本山桂川
（もとやま・けいせん）
1888年（明治21）長崎市に生まれる。本名は豊治。早稲田大学卒業後、各種の職業に就くかたわら、民俗学関係の研究誌や叢書の編纂に携わる。戦後は一転して金石文化研究に邁進、『文学碑散歩』(57)ほか多くの関連著書・雑誌を世に出した。1974年没。

おわりに

門賀美央子

この本を作っている最中、何度か不思議なことがありました。

原稿をプリントアウトしてチェックしている時、紙の上にうっかりお茶をこぼしてしまい、慌てて拭き取ったら「河童」の文字だけが滲んでしまった。

牛鬼の項を執筆していて、ちょっと息抜きにとFacebookを開いたら、宇和島の牛鬼に関する投稿が目に飛び込んできた。

友人と長野旅行に出かけ、行き当たりばったりで参拝した諏訪大社で非常に貴重な神事を見ることができた。

どれも単なる偶然、に過ぎないのはわかっています。

でも、やっぱり不思議なのです。

お茶は他の文字にもかかっているのに、どうして「河童」だけが滲むのか。

牛鬼の投稿者は特段妖怪マニアでもないのに、どうしてその日に限って牛鬼だったのか。

お諏訪様で思いがけず御神事に遭遇したのは、ちょうど国津神の話を入れるか入れないかで迷っていた時期でした。

こんなことが起こるたび、自分でも馬鹿馬鹿しいとは思いつつも、なんとなく目に見えない何かが本書の後押しをしてくれているような気がしたものでした。

一昔前は「妖怪が好き」と言うと、冷笑されるか、聞かなかったことにされるかのどちらかでした。インターネットが普及するまで、妖怪好きは孤独だったのです。

ですが、幸いなことに、近頃は妖怪文化に理解ある方が増えてきています。

妖怪ブームの流れをうけて、全国各地の博物館で妖怪関連の展示が行われ、妖怪を学術的に扱うシンポジウムがいくつも開かれたのは大きかったことでしょう。妖怪が登場する漫画やアニメが次々ヒットするのを見て、妖怪も馬鹿にしたものではないと気づいた大人が多くなった、というのもあります。

でも、最大の功労者が漫画家の水木しげる大先生《おおせんせい》であることは火を見るより明らかです。

戦後一貫して妖怪漫画や妖怪画を発表し続けてこられた大先生の偉大な継続の力が、一度は風前の灯火《ともしび》になっていた妖怪文化を次世代に繋げました。

つい先日、ひょいとあちらの世界に行っておしまいになりましたが、本書は大先生の作品を見て育った子供たちが、大先生から受け取った火を次の誰かに渡したいと願って灯した火なのだとお話ししたら、少しは喜んでくださいますでしょうか。

もし、叶うなら、この本が妖怪好きの皆さんの本棚を飾ることができますように。また、新たな妖怪好き仲間を増やすきっかけになりますように。

妖怪の世界は楽しいです。みんなで一緒に遊びましょう。

索引

＊太字は主要掲載ページです。
斜体は図版の掲載ページです。

あ

赤殿中　あかでんちゅう → **69**
垢なめ　あかなめ → 76
赤猫　あかねこ → 88
悪路王　あくろおう → **26**, 94
小豆あらい　あずきあらい → **89**
小豆研ぎ　あずきとぎ → 75
愛宕山太郎坊　あたごさんたろうぼう → **38**, 39
安達原の鬼婆　あだちがはらのおにばば → *23*, **32**, 94
安倍晴明　あべのせいめい → 65
安倍保名　あべのやすな → 65
天照大神　あまてらすおおみかみ → 36
天宇受売命　あめのうずめのみこと → 36
天探女　あまのさぐめ → 24
天邪鬼　あまのじゃく → **24**, 89
アマビエ　あまびえ → 16, **74**
天若日子　あめのわかひこ → 24
安珍　あんちん → 109
生霊　いきりょう → 106
伊耶那美命　いざなみのみこと → 24
石童丸　いしどうまる → 95
飯綱三郎　いづなさぶろう → **38**, *39*
いそがし　いそがし → 85
一反木綿　いったんもめん → **78**
一本ダタラ　いっぽんだたら → **50**, 114
稲垣寒翠　いながきかんすい → 101
犬神　いぬがみ → **72**
隠神刑部　いぬがみぎょうぶ → 68
井上円了　いのうええんりょう → 17
稲生武太夫　いのうぶだゆう → 95, 106, 107
茨木童子　いばらきどうじ → 31
井氷鹿　いひか → 11
否哉　いやや → **79**
上田秋成　うえだあきなり → 95, 107
牛鬼　うしおに → **58**, 95, 106, 115
牛御前　うしごぜん → 107
ウブメ　うぶめ → 55, 89
馬の首　うまのくび → 89
温羅　うら → **26**, 92, 93, 107
エンコ　えんこ → 44
猿猴　えんこう → **44**
役小角　えんのおづぬ → 28
お岩　おいわ → *14*, 99
王子の狐　おうじのきつね → 113
大石兵六　おおいしひょうろく → 95, 107, 115
大江匡房　おおえのまさふさ → 106
大口真神　おおぐちまがみ → *117*
大峰山前鬼坊　おおみねさんぜんきぼう → **38**, *39*, 28
お菊　おきく → 96, 98
オシラサマ　おしらさま → 86
おとん女郎　おとんじょろう → 115
鬼　おに → 11, 22, *23*, 48, 90, 104
鬼火　おにび → 105
鬼一口　おにひとくち → **29**
小野篁　おののたかむら → 106
怨霊　おんりょう → 12, 103

か

火車　かしゃ → 73
ガタロ　がたろ → 44
河童　かっぱ → 15, 18, 19, 40, *41*, 101, 116
河伯　かはく → 88, 101
がもじい　がもじい → 89
烏天狗　からすてんぐ → 34, 35, 109
ガラッパ　がらっぱ → 114
カリコボーズ　かりこぼーず → 18
河太郎　かわたろう → **44**
夔　き → 117
キジムナー　きじむなー → **45**
鬼女紅葉　きじょもみじ → **33**, 94
鬼童丸　きどうまる → **31**
吉備津彦命　きびつひこのみこと → 93
牛鬼　ぎゅうき → **58**
九尾の狐　きゅうびのきつね → *15*, **66**, 94, 101
清姫　きよひめ → 109
吉良親実　きらちかざね → 95
金熊童子　きんくまどうじ → 31
金長狸　きんちょうたぬき → 68
奇稲田姫　くしなだひめ → *15*, 49
葛の葉　くずのは → **65**
九千坊　くせんぼう → **47**, 95, 117
件　くだん → 16,**74**
口裂け女　くちさけおんな → 19, 85
熊童子　くまどうじ → 31
鞍馬山僧正坊　くらまやまそうじょうぼう → **38**, *39*, 107
栗原信秀　くりはらのぶひで → *17*
景戒　けいかい → 108
毛羽毛現　けうけげん → **79**
ゲゲゲの鬼太郎　げげげのきたろう → 78, 81, 84
源九郎狐　げんくろうきつね → 107
玄翁和尚　げんのうおしょう → 72,94
ケンムン　けんむん → **45**
後鬼　ごき → **28**
牛鬼　ごき → 58
牛頭天王　ごずてんのう → 106
子泣き爺　こなきじじい → **77**
小平次　こへいじ → *15*
小松和彦　こまつかずひこ → 103
御霊　ごりょう → 12

さ

西行法師　さいぎょうほうし → 95
斉明天皇　さいめいてんのう → 104
坂上田村麻呂　さかのうえのたむらまろ → 23
相模大山伯耆坊　さがみおおやまほうきぼう → **38**, *39*
佐々木喜善　ささききぜん → 86, 102
佐藤忠信　さとうただのぶ → 107
さとり　さとり → **54**
蝿聲邪神　さばえなすあしきかみ → *15*
寒戸の婆　さむとのばば → 86
サラリーマン山田　さらりーまんやまだ → 84
猿田彦命　さるたひこのみこと → **36**
早良親王　さわらしんのう → 12
ザン　ざん → 62
三吉鬼　さんきちおに → **27**
山人　さんじん → **52**
産婦の霊　さんぷのれい → *16*
次第高　しだいだか → 82
七人ミサキ　しちにんみさき → **61**
芝右衛門狸　しばえもんたぬき → 68
シバテン　しばてん → 44, 114
暫狐　しばらくきつね → 113
紗那王　しゃなおう → 107
酒呑童子　しゅてんどうじ → **30**, 90, *91*, 95, 107

化け猫　ばけねこ → **73**
林羅山　はやしらざん → 101
半僧坊　はんぞうぼう → 116
光源氏　ひかるげんじ → 106
彦山豊前坊　ひこさんぶぜんぼう → **38**, *39*
ひだる神　ひだるがみ → **53**
一つ目小僧　ひとつめこぞう → 119
百鬼夜行　ひゃっきやぎょう → *7, 13, 15*
兵主部　ひょうすべ → **44**
ヒョウスンボ　ひょうすんぼ → 44
日和坊　ひよりんぼう → 113
比良山次郎坊　ひらさんじろうぼう → **38**, *39*
ピリカ・ミンツチ　ぴりか・みんつち → 42
琵琶牧々　びわぼくぼく → 118
藤原道長　ふじわらのみちなが → 105
藤原師輔　ふじわらのもろすけ → 105
淵猿　ふちざる → 43
船幽霊　ふなゆうれい → **60**
分福茶釜　ぶんぷくちゃがま → 99
ベロ長　べろなが → 112
方相氏　ほうそうし → *11*
星熊童子　ほしくまどうじ → 31
本阿弥平十郎　ほんあみへいじゅうろう → 16

ま
枕返し　まくらがえし → 85
見越入道　みこしにゅうどう → *15*, **82**
水木しげる　みずきしげる → 77, 78, 84
ミズチ　みずち → 57
源頼政　みなもとのよりまさ → 106
源頼光　みなもとのらいこう → 31, 90, 91, 95, 106
宮田登　みやたのぼる → 103
ミンツチ　みんつち → **42**
ミンツチカムイ　みんつちかむい → 42
目一鬼　めひとつのおに → **25**
物の怪　もののけ → 106
桃太郎　ももたろう → 93
モモンジー　ももんじー → 112

や
八百比丘尼　やおびくに → 62
屋島の禿狸　やしまのはげだぬき → 68
夜刀神　やとのかみ → 10, 11
柳田國男　やなぎたくにお → 77, 102
家鳴　やなり → *6*, 7
山姥　やまうば → **52**
山男　やまおとこ → **52**
山女　やまおんな → **52**
山爺　やまじじ → **52**
八岐大蛇　やまたのおろち → 11, 30, **49**
山彦　やまびこ → **51**, 59, 112
山姫　やまひめ → 52
山童　やまわろ → **52**
雪女　ゆきおんな → **55**
吉田松若　よしだまつわか → 107
黄泉醜女　よもつしこめ → 24

ら
龍　りゅう → **57**
六衛門狸　ろくえもんたぬき → 68
六条御息所　ろくじょうのみやすどころ → 106
ろくろ首　ろくろくび → 107

わ
渡辺綱　わたなべのつな → 95

猩々　しょうじょう → 115
女郎蜘蛛　じょうろうぐも → **63**, 94
しょろしょろ狐　しょろしょろきつね → 115
児雷也　じらいや → *15*
白峯相模坊　しらみねさがみぼう → **38**, *39*
死霊　しりょう → 106
蜃気楼　しんきろう → 59
神功皇后　じんぐうこうごう → 95
神社姫　じんじゃひめ → 16
人面犬　じんめんけん → 19
スイトン　すいとん → 115
菅原道真　すがわらのみちざね → 13, *15*
素盞鳴命　すさのおのみこと → 49, *15*
鈴鹿御前　すずかごぜん → **33**
崇徳院　すとくいん → 13, **37**, 95, 107
砂かけ婆　すなかけばばあ → **77**
スネコスリ　すねこすり → 118
前鬼　ぜんき → **28**, 38
千里御前　せんりごぜん → 95

た
ダイダラボッチ　だいだらぼっち → 10, 11, 82, 103
平兼盛　たいらのかねもり → 32
平将門　たいらのまさかど → 12, 13
高坊主　たかぼうず → 82
太三郎狸　たさぶろうたぬき → 68
玉藻の前　たまものまえ → *15*, **66**
団三郎狸　だんざぶろうたぬき → 68
長宗我部元親　ちょうそかべもとちか → 95
津軽の大人　つがるのおおひと → **27**, 94
付喪神　つくもがみ → 12
土蜘蛛　つちぐも → 11, 58, 106
鉄鼠　てっそ → 8, *9*
手長　てなが → *100*
手の目　てのめ → 8, *9*
貂　てん → 8, *9*
天狗　てんぐ → 34, *35*, 48, 116
豆腐小僧　とうふこぞう → **81**, 82
遠野の河童　とおののかっぱ → **43**
百々目鬼　どどめき → 8, *9*
鳥羽上皇　とばじょうこう → 66
虎熊童子　とらくまどうじ → 31
鳥山石燕　とりやませきえん → 79
泥田坊　どろたぼう → 8, *9*

な
中大兄皇子　なかのおおえのおうじ → 104
瓊々杵命　ににぎのみこと → 36
人魚　にんぎょ → **62**, 96
鵺　ぬえ → **71**, 72, 106
ぬけ首　ぬけくび → 114
塗壁　ぬりかべ → **78**
濡れ女　ぬれおんな → 58
根岸鎮衛　ねぎししずもり → 107
猫又　ねこまた → 73
猫娘　ねこむすめ → 85
禰々子河童　ねねこかっぱ → **46**
のっぺらぼう　のっぺらぼう → **80**
伸上り　のびあがり → 82
のんのんばあ　のんのんばあ → 84

は
白蔵主　はくぞうず → **67**
白澤　はくたく → 101
化け提灯　ばけちょうちん → *13*, 118

主な参考文献

書籍

『改訂総合日本民俗語彙』(一)～(五) 平凡社
『新編日本古典文学全集』各巻　小学館
『怪異学の可能性』東アジア恠異学会　角川書店
『怪異学の技法』東アジア恠異学会　臨川書店
『怪異の民俗学』(1)～(8) 小松和彦責任編集　河出書房新社
『日本民俗文化資料集成　妖怪』谷川健一編　三一書房
『日本民俗文化資料集成　憑きもの』谷川健一編　三一書房
『河童伝承大事典』和田寛　岩田書院
『妖怪学入門』阿部主計　雄山閣出版
『日本妖怪学大全』小松和彦編　小学館
『日本妖怪異聞録』小松和彦　講談社学術文庫
『妖怪の理　妖怪の檻』京極夏彦　角川書店
『妖怪の宴　妖怪の匣』京極夏彦　角川書店
『増補改訂　暮らしのなかの妖怪たち』岩井宏實　慶友社
『民話の世界』松谷みよ子　講談社学術文庫
『狸とその世界』中村禎里　朝日選書
『酒呑童子の誕生　もうひとつの日本文化』高橋昌明　中公新書
『鬼の研究』馬場あき子　三一書房
『山神を見た人々』高橋貞子　岩田書院
『ニッポンの河童の正体』飯倉義之編　新人物ブックス
『柳田國男全集６』柳田國男　ちくま文庫
『遠野物語』柳田國男　角川ソフィア文庫
『妖怪の民俗学 日本の見えない空間』宮田登　岩波書店
『中国の妖怪』中野美代子　岩波新書
『中国の神獣・悪鬼たち　山海経の世界』伊藤清司　東方書店
『妖怪学新考』小松和彦　小学館ライブラリー
『山海経校注』袁珂　上海古籍出版社
『江戸歌舞伎の怪談と化け物』横山泰子　講談社選書メチエ
『跋扈する怨霊　祟りと鎮魂の日本史』山田雄司　吉川弘文館
『江戸の怪異譚　地下水脈の系譜』堤邦彦　ぺりかん社
『あやかし考 不思議の中世へ』田中貴子　平凡社
『境界の発生』赤坂憲雄　講談社学術文庫
『女と蛇―表徴の江戸文学誌』高田衛　筑摩書房
『妖怪の風景学　妖怪文化の民俗地理』佐々木高宏　古今書院
『鳥山石燕 画図百鬼夜行』高田衛監修　稲田篤信／田中直日編　国書刊行会
『百鬼夜行絵巻を読む』田中貴子、花田清輝、澁澤龍彦、小松和彦　河出書房新社
『地獄絵を読む』澁澤龍彦、宮次男　河出書房新社
『仏教民俗学大系２　聖と民衆』萩原龍夫・真野俊和編　名著出版
『日本人の地獄と極楽』五来重　吉川弘文館
『修験道　その伝播と定着』宮家準　法蔵館

電子書籍

「妖怪学」井上円了　青空文庫
「妖怪談」井上円了　青空文庫
「迷信解」井上円了　青空文庫

図録・ムック

『別冊太陽　日本の妖怪』平凡社
『天狗推参！』神奈川県立歴史博物館
『鬼・オニ・ONI 展』豊橋市美術博物館
『美と恐怖ユーモア　幽霊妖怪画大全集』福岡市博物館

装丁・本文デザイン
原条令子デザイン室

画
加藤正（Story 1ページタイトル挿画、各章扉）
佐藤昌美（目次、Story 3）

民芸品撮影
首藤幹夫

校閲
後藤厚子

取材協力
臼杵ミワリークラブ
ふしぎあん
本山ちゑ

協力
天野行雄（日本物怪観光）

編集
門賀美央子
勝峰富雄（山と溪谷社）

文　門賀美央子（もんが・みおこ）
1971年、大阪市生まれ。文筆家、書評家。主に文芸、宗教、美術関連の書籍／雑誌記事を手掛ける。著書に『自分でつける戒名』（監修：松原日治）、共著に『史上最強図解仏教入門』『仏教人物の事典』など多数。

画　アマヤギ堂（あまやぎどう）
1973年、富山県生まれ東京都育ち。絵師、グラフィックデザイナー。独学で会得した日本画絵の具を用いて作風を築く。「怪」第6回怪大賞受賞、同誌にて挿絵等掲載（角川書店）。個展も数回開催している。妖怪の古都・石川県金沢市で活動中。

監修　東雅夫（ひがし・まさお）
1958年、神奈川県生まれ。アンソロジスト、文芸評論家、「幽」編集顧問。『遠野物語と怪談の時代』（角川選書）で日本推理作家協会賞を受賞。著書に『妖怪伝説奇聞』（学研）、編纂書に『文豪山怪奇譚』（山と溪谷社）ほか多数。

ときめく妖怪図鑑

2016年 7月21日　初版第1刷発行
2018年12月25日　初版第2刷発行

著者　門賀美央子／アマヤギ堂

発行人　川崎深雪
発行所　株式会社　山と溪谷社
〒101-0051　東京都千代田区神田神保町1丁目105番地
http://www.yamakei.co.jp/

◎乱丁・落丁のお問合せ先
　山と溪谷社自動応答サービス　TEL.03-6837-5018
　受付時間／10:00-12:00、13:00-17:30（土日、祝日を除く）

◎内容に関するお問合せ先
　山と溪谷社
　TEL.03-6744-1900（代表）

◎書店・取次様からのお問合せ先
　山と溪谷社受注センター
　TEL.03-6744-1919　FAX.03-6744-1927

印刷・製本　大日本印刷株式会社

＊定価はカバーに表示してあります。
＊乱丁・落丁などの不良品は、送料小社負担でお取り替えいたします。
＊本書の一部あるいは全部を無断で複写・転写することは、
　著作権者および発行所の権利の侵害となります。
　あらかじめ小社までご連絡ください。

Copyright © 2016 Mioko Monga, Amayagido All rights reserved.
Printed in Japan
ISBN978-4-635-20230-5